취향과 영감을 더하는 전국 문구점 도감

일러두기
- 본 도서의 맞춤법과 외래어 표기는 국립국어원 맞춤법과 외래어 표기를 따랐으나, 일부 관례로 굳어진 경우는 예외를 두었습니다.
- 문구점의 주소와 영업 시간은 2025년 8월을 기준으로 작성되었습니다. 방문하시는 시기에 따라 영업시간과 장소가 변경될 수 있으니, 사전에 인터넷을 통해 확인 후 방문하시기를 권장드립니다.

취향과 영감을 더하는
전국 문구점 도감

모두의 도감 편집부 지음

©흑심

문구인이 사랑하는
전국 문구소품샵 35곳

모두의 도감

들어가며

먼 과거의 문방사우부터 각종 다이어리 스티커가 넘쳐나는 현대에 이르기까지, 문구는 언제나 우리 곁에 함께해 왔습니다. 이제 문구는 단순히 필기와 기록을 위한 도구가 아니라 나의 삶을 표현하고 일상을 추억하도록 돕는 도구로써의 가치를 지닙니다. 연필, 볼펜, 마스킹테이프, 엽서, 스티커뿐 아니라 문구를 보관하고 사용하기 위한 작은 물건들까지, 문구의 세계에는 무궁무진한 이야기들이 숨어 있습니다.

이 책은 서울에서부터 제주에 이르기까지 문구로 가득 찬 국내 문구점 35곳을 조망합니다. 문구점들은 각각의 특성에 따라 아기자기하거나 아날로그적인 감성에 집중한 '감성의 수집', 브랜드의 무드와 철학이 뚜렷하게 드러나는 '디자인의 세계', 기록과 글쓰기에 초점을 맞춘 '기록의 시작'이라는 키워드로 나누었습니다. 이 분류는 어떤 키워드가 가장 잘 어울리는지에 대한 분류일 뿐, 모든 문구점은 기록을 돕고, 그곳에 수집의 설렘과 브랜드의 철학도 함께 공존한다는 것을 이 자리를 빌어 전합니다.

책에는 각 문구점의 공간을 소개하고, 문구점에서 다루는 대표 문구 몇 가지를 담았습니다. 단순히 문구점의 외관을 소개하는 것이 아니라 다양한 문구점들의 철학, 공간 설계와 연출의 이유,

문구 큐레이션 기준 등 단순히 구경하는 것만으로는 놓칠 수 있는 디테일도 함께 담아 문구인들이 문구로 가득 찬 공간을 더 풍요롭게 즐길 수 있도록 했습니다.

　이 책에서 미처 다루지 못한 문구점들도 많습니다. 동네를 걷다가, 여행을 하다가 우연히 문구점을 발견한다면 지나치지 말고 들러 나만의 문구점 도감을 만들어 보세요. 모든 문구점은 작은 문 뒤에 무한한 세계를 숨기고 있을테니까요.

모두의 도감 편집부

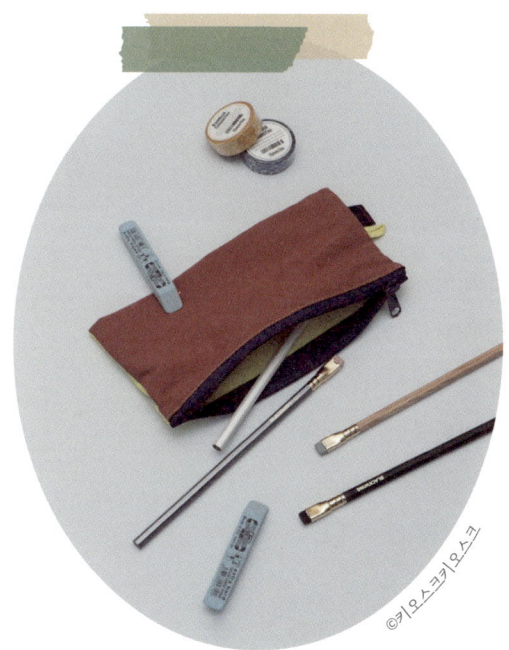

목차

들어가며 　　　　　　　　　　　　　　　　4

감성의 수집
: 소소한 설렘, 아날로그의 감성을 수집하는 공간

더 프렐류드 샵 　　　　　　　　　　　　10
띵스오브노트 　　　　　　　　　　　　　15
리틀템포 디자인 샵 　　　　　　　　　　19
배리삼릉공원 　　　　　　　　　　　　　24
브레드브레드바나나 　　　　　　　　　　29
성북동 엽서가게 　　　　　　　　　　　　33
스탬프마마 　　　　　　　　　　　　　　39
여름문구사 　　　　　　　　　　　　　　44
줄리엣의 편지 　　　　　　　　　　　　　50
지혜이 　　　　　　　　　　　　　　　　55
[interview] 지혜이 　　　　　　　　　　62
페이퍼레리아 　　　　　　　　　　　　　66
페이퍼룰러 　　　　　　　　　　　　　　71
포스트카드오피스 　　　　　　　　　　　76
플러스82프로젝트 　　　　　　　　　　　81
플로팅 　　　　　　　　　　　　　　　　86

디자인의 세계
: 브랜드의 철학과 무드를 느끼는 공간

덴스 버라이어티 스토어	92
롤드페인트	98
리훈맨션	104
미도리작업실	109
[interview] 미도리작업실	114
제로스페이스	117
키오스크키오스크	122
파페테리큐	127
포인트오브뷰	132
풀풀	139
[interview] 풀풀	144

기록의 시작

: 나만의 이야기를 쓰고 싶은 사람들을 위한 공간

더타임 남산	148
띵크썸띵	153
머쉬룸페이퍼팜	158
[interview] 머쉬룸페이퍼팜	164
베스트펜	167
비스켓 스튜디오	172
[interview] 비스켓 스튜디오	178
사사로운	180
종이상점 W.I.Y.P?	185
클래식문구사	191
페이퍼보이 스튜디오	196
흑심	201
ODOM	207
주소록	213

감성의 수집
소소한 설렘, 아날로그의 감성을
수집하는 공간

더 프렐류드 샵

띵스오브노트

리틀템포 디자인 샵

배리삼릉공원

브레드브레드바나나

성북동 엽서가게

스탬프마마

여름문구사

줄리엣의 편지

지혜이

페이퍼레리아

페이퍼룰러

포스트카드오피스

플러스82프로젝트

플로팅

더 프렐류드 샵

문구 브랜드 '프렐류드 스튜디오'에서 운영하는 더 프렐류드 샵The Prelude Shop은 이곳을 방문하기 위해 대전 여행을 떠날 정도로 문구인들 사이에서 사랑받는 문구점이다. '프렐류드'는 클래식 음악에서 서곡을 뜻한다. 음악의 앞부분이 좋으면 끝까지 좋은 느낌이 이어지는 것처럼, 프렐류드의 문구로 시작한 하루는 끝까지 좋기를 바라는 마음에서 탄생한 이름이다.

알록달록한 매장 분위기와 곳곳에 놓인 생화가 더하는 생동감이 매력적이다. 매번 달라지는 컨셉의 기획전과 그에 맞게 바뀌는 매장 유리 데코 역시 문구인들이 계속해서 더 프렐류드 샵을 찾는 이유이기도 하다.

문을 열자마자 펼쳐지는
색색의 지우개 세상!

스몰띵 스티커

'작은 것으로부터 행복을 발견한다'는 의미로 작은 행복들을
담은 스티커. 일기를 쓰거나 다정한 마음을 기록할 때 좋다.

타이벡 커버

일본 문구 브랜드 미도리MIDORI와
만든 MD 노트 전용 타이벡
커버. 프렐류드 특유의
가위로 오린듯한
이미지와 상품
택이 포인트다.
구김이 갈수록
멋스러움이
더해지는 건 덤!

대전 꿈돌이 키링

대전의 마스코트 꿈돌이와 협업으로 만든 아크릴 키링. 꿈돌이를 프렐류드 스튜디오만의 스타일로 그려 아기자기함을 더했다.

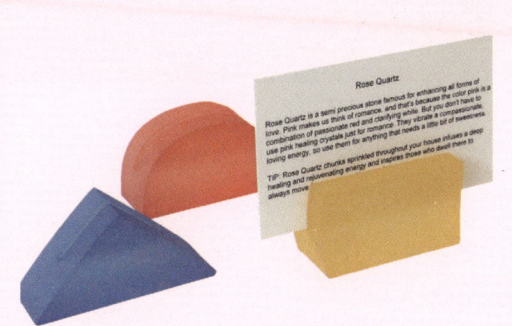

아이(I) 카드 스탠드

명함, 캘린더, 사진, 엽서 등을 끼울 수 있는 자그마한 크기의 스탠드. 반듯한 직선이 아닌 곡선의 아름다움을 느낄 수 있다.

알파벳 스티커

알파벳 26개로 시작하는 단어를 주제로, 각 단어에 어울리는 이미지를 그려 담은 스티커. 색종이로 오린 듯 자유로운 느낌으로, 다양한 곳에 활용할 수 있다.

　　더 프렐류드 샵에 방문하면 싱그러운 에너지를 가득 얻을 수 있다. 곳곳에 놓인 꽃의 영향도 있겠지만, 문구를 사랑하는 마음으로 이곳까지 온 방문객을 반갑게 맞이하는 스태프들의 에너지가 더해졌기 때문이다. 좋은 문구를 만나는 일만큼 좋은 문구를 소개하는 사람들과의 만남 역시 즐겁다. 사랑스럽고 알록달록한 문구들을 구경하며 에너지를 느끼다 보면 금세 두 손과 마음이 문구와 기쁨으로 가득 찰 것이다.

더 프렐류드 샵
주소 대전 중구 중앙로129번길 30 1층
영업 시간 평일 12:00~19:00, 주말 11:00~20:00
인스타그램 @preludestudio

띵스오브노트

부산에 위치한 띵스오브노트Things of note는 '중요한 물건들'이라는 뜻을 가진 문구점이다. 집들이를 오는 손님마다 컵을 선물해 주어서, 형태도 그림도 다른 저마다의 컵을 받다 보니 작고 소중한 것들의 의미에 관심을 가지게 되었다는 띵스오브노트. 작고 사소한 것이라도 누군가에게는 삶을 채워주는 중요한 물건이 될 수 있음을 믿는 문구점이다.

띵스오브노트 전포점 입구의 왼쪽에는 긴 현수막을 위한 공간이 있다. 매달 열리는 정기 전시를 알리는 공간으로, 테마에 맞는 현수막이 때에 맞춰 옷을 갈아입는다.

동선의 여유를 우선으로
고려한 넓은 통로 덕분에
문구들의 디테일과 만듦새를
천천히, 마음껏 둘러볼 수 있다.

[서스스토어] 포근한 주말 스티커
대충 그린 듯하지만 묘하게 정감 가는 고양이 스티커. 무채색 감성으로 조용하지만 확실하게 귀여움을 전한다. (@sus_store_)

[그림사라] 24 Objects 마스킹테이프
24가지 다양한 오브젝트가 담겨있는 마스킹테이프. 우리의 순간을 빛내주는 작은 물건을 찾아 붙일 수 있다. (@grum4rah)

[사이새사이] 삼남매 엽서
창밖으로 스며드는 자연의 빛과 색, 포근하고 선명한 순간들을 담은 엽서. 평소 전하지 못했던 마음이나 쑥스러워 미뤄두었던 고마움을 전하기 좋은 엽서다. (@sai.sae.sai)

[소언] 은행나무 나뭇잎 자수 북마크
뒤가 비치는 노방천에 수를 놓아 만들어진 은행 나뭇잎 모양의 책갈피. 나뭇잎을 책 사이에 소중히 끼워 말려 소중한 사람에게 선물하던 때가 떠오른다. (@soeon.official)

　언제나 변함없이 동네에 머물며, 띵스오브노트를 찾던 어린이가 어른이 되어서도 편하게 들를 수 있는 따뜻한 공간이 되기를 바란다는 띵스오브노트. 띵스오브노트에서는 유행을 타지 않고 시간이 흘러도 자연스럽게 사용할 수 있는 제품을 소개하고자 한다. 더불어 지역의 작가와 고유한 이야기를 가진 작가의 제품을 큐레이션하는 데에도 노력을 기울이고 있다. 띵스오브노트에 방문하면 쉽게 보지 못했던 색다른 문구와 소품들을 만나게 되는 이유다.

띵스오브노트

전포점
주소 부산 부산진구 서전로 58번길
　　 6 1층
영업 시간 매일 12:00~20:00
인스타그램 @things_of_note

광안점
주소 부산 수영구 광남로 175-7 1층
영업 시간 매일 12:00~19:00

리틀템포 디자인 샵

'아자씨' '백반디자인' 'MMPP'를 운영하는 리틀템포 디자인 스튜디오의 아기자기한 문구점. 무심한 표정에 잠옷 차림을 한 '아자씨'를 비롯해 리틀템포 디자인 스튜디오의 문구들은 편안하고 소소한 매력을 뿜낸다. 화려하지는 않지만 자꾸 눈길이 가고 정감 있는 문구를 찾는다면, 리틀템포 디자인 샵에 방문해보자.

리틀템포 디자인 샵의 로고는 서로 다른 캐릭터들이 교집합을 이루는 공간을 상징한다. 경쟁이 아닌, 느긋한 속도로 사이좋게 공간을 채워나가길 바라는 마음이 담겨있다.

따스한 색감의 조명,
곳곳에 놓인 아기자기한 소품들과
직접 손으로 쓴 제품 설명 문구를 보면
꼭 친근한 동네 문구점에 온 느낌!

백반디자인 미니 간판 클립

가게 앞에 세우는 입간판 모양의 클립. 간단한 메모나 사진을 꽂아 책상 한 켠을 아기자기하게 꾸미기 좋다.

AJ 데코 스탬프 시리즈

아자씨 특유의 귀여움을 담아낸 우드 데코 스탬프 시리즈. 출시 이후 꾸준히 사랑 받는 스테디셀러 제품이다.

백반디자인 우드 마그넷 시리즈

백반의 시크하고 귀여운 음식 일러스트로 만든 자작나무 마그넷 시리즈. 하나둘씩 모으는 재미가 쏠쏠하다.

리소그라피 엽서

러프한 질감과 독특한 색감이 매력적인 리소 인쇄 엽서.

DIY 키링

다양한 모티브의 키링 참을 골라 조합하여 만드는 나만의 키링. 매장에서 가장 인기가 많은 제품 중 하나다.

DIY 키링 만들기 존

　바쁜 하루하루를 살다가도 고즈넉한 경복궁 서촌에 자리한 리틀템포 디자인 샵에 방문하면 편안한 마음이 된다. 일상의 부담을 내려놓고 느긋하게 주변의 작은 즐거움을 만끽하고 싶은 날, 마음 편한 하루를 보내고 싶은 날에 방문하기 좋은 곳이다.

리틀템포 디자인 샵
주소 서울 종로구 자하문로7길 21 2층
영업 시간 수~토 13:00~19:00 (매주 일~화 휴무)
인스타그램 @little_tempo_shop

배리삼릉공원

경주 '배리(현 배동)'에는 삼릉이 있다. 대릉원, 월성지 등 유명한 유적지에 비해 잘 알려지지 않았지만, 다른 관광지와는 다른 조용하고 아름다운 매력이 있는 곳이다. 배리삼릉공원은 이처럼 경주에 존재하지만 잘 알려지지 않은 좋은 것을 소개하는 역할을 하고자 한다. 천년의 역사를 간직한 경주만의 분위기를 사랑하는 사람이라면, 배리삼릉공원을 사랑할 수밖에 없을 것이다.

"모든 이들의 생애 주기에 누구나 한 번은 경주가 묻어있다."

어린 시절 수학여행으로, 친구들과 함께, 연인과 함께, 가족과 함께… 경주는 우리의 기억에 조금 특별한 장소로 남아있다. 배리삼릉공원은 이런 경주에서의 추억을 일상적으로 사용하는 문구와 소품에 담아 사용할 때마다 떠올릴 수 있도록 한다.

경주 문진

대릉이 접이식 카드

배리삼릉공원의 캐릭터 중 하나인 대릉이와
첨성대로 만든 접이식 카드. 경주의 수많은
고분 모양을 따서 대릉이라는 캐릭터를
만들었다. 화사한 색감과 귀여운
표정이 포인트!

경주 마스킹테이프 시리즈

경주의 낮과 밤, 사계절 그리고 일상
을 담은 마스킹테이프. 경주의 풍경이
담겨있어 여행객에게 인기가 좋다. 경
주 지역 작가와 협업하여 제작했다.

경주 포스트잇 시리즈

경주에 오면 꼭 방문하는 첨성대, 대릉원, 동궁과 월지를
모티브로 디자인한 포스트잇.

토용 책갈피

신라의 고분에서 출토된 토용을 보고 만든 책갈피. 흙으로 만든 인형을 '토용' 혹은 '토우'라고 부른다. 3종의 책갈피 중 마음에 드는 토용을 고르는 재미가 있다.

경주의 사계 스티커

계절마다 바뀌는 경주의 아름다움을 담았다. 봄, 여름, 가을, 겨울, 초록 버전이 있다.

    누구나 편하게 드나들 수 있는 공원 같은 곳이 되기를 바란다는 배리삼릉공원. 그 이름에 어울리게 배리삼릉공원의 스태프는 '공원지기'로 불린다. 매장 전체에 경주를 사랑하는 공원지기와 공원장의 마음이 가득 느껴진다.

    방문객들이 경주를 더 즐겁게 추억할 수 있도록 고민하고, 자칫 지루할 수 있는 전통을 새로운 시각에서 바라볼 수 있도록 하는 곳. 경주에 갈 기회가 있다면 문구뿐 아니라 키링, 뱃지 등 경주를 기념하고 추억할 물건이 가득한 배리삼릉공원에 들러보자.

배리삼릉공원
주소 경상북도 경주시 포석로 1095
영업 시간 매일 10:00~19:00
인스타그램 @baeri3park

브레드브레드바나나

 브레드브레드바나나는 강원도 강릉에서 50여 년간 한의원을 운영하던 공간에 자리 잡은 문구점이다. 브레드브레드바나나만의 자유로운 느낌이 담긴 커스텀 노트와 다양한 문구, 소품을 소개하는 이곳은 '꼭 무언가에 의미가 있어야 할까?' '그냥 재미있는 것만으로는 안될까?'라는 물음에 대한 답이 되는 공간이다. 손 가는 대로, 마음 가는 대로 노트에 끄적이고 그리다 보면 나만의 재미를 찾아갈 수 있을 것이다.

　매장 왼편에는 한의원에서 사용하던 약재장이 그대로 남아있다. 그 밖에도 오래된 벽면, 한의원의 간판이 있던 흔적을 최대한 살렸다. 공간의 역사 위에 새롭게 브레드브레드바나나의 감성을 더한 연출이다.

커스텀 노트

다양한 표지와 내지를 골라 원하는
대로 만들 수 있는 커스텀 노트.
브레드브레드바나나만의 캐릭터가 담긴
표지 디자인이 매력적이다.

수제 노트

종이 재단부터 제본까지 모두 직접 제작하는
수제 노트. 멋스러우면서 튼튼하다. 사용하다가
매장에 가져오면 노트 수선도 가능!

책갈피

빵(브레드)과 바나나를 소재로 만든 책갈피.
일러스트레이터 점선면(@basicfigure03)과
함께 만들었다.

하이타이드 HIGHTIDE 제품류

펜코 PENCO, 네에 Nähe 등의 브랜드로
유명한 일본 문구 브랜드
하이타이드의 제품들. 복고적인
감성과 실용적인 디자인으로 많은
사랑을 받고 있다.

브레드브레드바나나에서는 공간의 힘을 실감할 수 있다. 이전 매장의 흔적을 지우지 않고 그대로 남겨둠으로써 과거와 현재가 자연스럽게 겹쳐지는 독특한 분위기를 자아내는 브레드브레드바나나. 매장을 구경하다 보면 옛날 약방에 놀러 온 기분이 들기도 한다. 왠지 모르게 심신이 안정되고 건강해지는 느낌을 주는 문구점이다.

브레드브레드바나나
주소 강원도 강릉시 임영로 142-1 1층
영업 시간 월, 목, 금, 토, 일 11:30~18:00 (매주 화, 수 휴무)
인스타그램 @breadbreadbanana

성북동 엽서가게

 골목길을 따라 생기 넘치는 예술가들의 작업실이 이어지고, 성북천 옆 작은 서점의 불빛이 오래도록 밤을 밝히는 동네, 성북동. 이곳에 엽서를 중심으로 다양한 예술 작업을 소개하는 성북동 엽서가게가 있다. 문득 누군가에게 마음을 전하고 싶은 날이라면, 성북동 엽서가게에 방문해 귀한 마음을 담아 전달해도 좋을 것이다.

문을 여는 순간 마치 다른 세계에 온 듯 차분한 공간이 펼쳐진다. 몰입감을 느낄 수 있도록 나무 재질의 가구로 통일감을 주고, 엽서로 한쪽 벽면을 가득 채웠다. 편안한 조도, 책상 배치 등 소중한 이에게 엽서를 쓰는 동안만큼은 바깥의 소음에서 벗어나 마음에 집중할 수 있도록 세심히 조율한 흔적이 엿보인다.

엽서 진열대와 조금 떨어진 공간에 마련된 쓰기 공간.

성북동 엽서가게의 중심에는 늘 엽서가 있다. 방문객이 자신의 마음과 꼭 맞는 엽서를 찾을 수 있도록 정기적으로 새로운 작가와 엽서를 찾아 소개하고, 엽서 옆에 작가 노트를 두어 작품의 의미가 자연스럽게 전달될 수 있도록 했다.

[프리다옥] 노부부 엽서

성북동의 골목길을 따라 매일 산책을 나서는 노부부가 떠오르는 엽서. 오랜 세월을 함께 보낸 모습에서 다정한 마음이 느껴진다. (@fridaock)

비아르쿠 향기나는 연필

포르투갈의 오랜 연필 브랜드 비아르쿠 Viarco의 향기나는 삼나무 연필. 삼나무에 6가지 향기가 배어있어 사용할 때 은은한 향을 느낄 수 있다.

[신이어마켓] 할매 손그림 손글씨 연필

청년과 노년이 함께 일하는 브랜드 신이어마켓의 연필. 어르신들의 손글씨로 응원 문구가 각인되어 있어 볼 때마다 힘이 나는 연필이다. (@new.year_market)

엽서 봉투

성북동 엽서가게에서 제작한
엽서 봉투. 기본 엽서 봉투부터
실링 왁스 포장이 가능한 체험
세트까지 다양한 봉투를
마련하여, 엽서 한 장이
작은 선물처럼 전해지도록 한다.

성북동 엽서가게 시그니처 향 제품

누군가를 생각하며 엽서를 쓰는 순간을 오래 간직하길 바라는
마음으로 제작한 시그니처 향. 매장 내부에서도 이 향을
은은하게 느낄 수 있다.

언제 어디서든 쉽게 소통할 수 있게 된 시대이지만 소중한 누군가를 떠올리며 엽서를 고르고 마음을 적어 내리는 행위에는 정성이 가득하다. 성북동 엽서가게에서는 실링 왁스 체험도 가능해, 엽서에 적은 마음을 소중하게 봉하는 경험도 할 수 있다. 이곳에서 소개하는 수많은 엽서들 중 하나를 골라 건넨다면, 오랫동안 잊히지 않을 다정한 기억으로 남을 것이다.

성북동 엽서가게
주소 서울시 성북구 동소문로3길 3 1층
영업 시간 수~일 11:00~20:00 (브레이크 타임 14:00~15:00)
　　　　 (매주 월, 화 휴무 / 매월 첫째 주 일요일 휴무)
인스타그램 @seongbuk_postcard

스탬프마마

'세상의 모든 스탬프가 있는 곳'이라는 말이 꼭 어울리는 공간이 있다. 젊은 에너지로 북적이는 홍대 골목 어딘가에서 작은 스탬프 찍기의 즐거움을 소개하는 스탬프마마. 아이처럼 설레는 마음으로 스탬프를 고르는 순간, 혹시라도 잘못 찍힐까 정성스레 찍는 순간을 함께하는 따뜻한 곳이다.

스탬프마마에서는 이름처럼 '엄마' 같은 따뜻함이 느껴진다. 세련되고 현대적인 문구점에 비교하면 어딘가 촌스럽고 멋없게 느껴질지 몰라도, 오래된 가구들과 곳곳에 놓인 손글씨 안내판, 나무 상자, 빈티지한 소품으로 꾸며진 공간은 우리를 추억에 젖게 하기도, 동심에 빠지게 하기도 한다. 마음 편히 무궁구진한 스탬프 세상을 구경해보자.

메시지 스탬프

짧은 문장이지만 마음을 담아 새기는 메시지 스탬프. '고맙습니다' '수고했어요' 같은 위로와 응원의 말을 손글씨 감성 그대로 담아 찍을 수 있다.

동물 스탬프

고양이, 강아지, 토끼, 판다까지 세계 여러 나라에서 모인 스탬프마마의 동물 스탬프 시리즈. 다이어리나 편지, 포장 위에 찍으면 기분이 한결 말랑해지는 느낌!

빈티지 스탬프

우편 라벨, 옛 서류 등 빈티지한 감성으로 재해석된 디자인 스탬프. 다이어리, 포장지, 편지봉투에 사용하면 오래된 이야기처럼 깊은 인상을 남길 수 있다.

디스트레스 잉크 Distress Ink

빈티지하고 낡은 느낌을 표현하기에 좋은 잉크패드. 부드러운 발색을 자랑해, 자연스럽게 시간이 흐른 느낌을 주고 싶을 때 추천하는 제품이다.

스탬프 만들기 키트

조각용 지우개, 조각칼, 도안집이 포함되어 있어 나만의 스탬프를 만들어볼 수 있는 스탬프 만들기 키트. 원하는 스탬프 디자인이 없다면 직접 만들어보자!

2006년 문을 연 이후 창작자와 기록을 사랑하는 사람들에게 스탬프의 즐거움을 전하는 스탬프마마는 스탬프뿐 아니라 스탬프의 느낌을 살려주는 다양한 종이, 단 한 사람만을 위한 맞춤 스탬프 제작 등 스탬프와 관련된 모든 것을 다룬다. 어린 시절 선생님께 받던 '참 잘했어요' 처럼, 작은 스탬프는 매일 반복되는 일상 속에서 하루를 남기는 기록이자 위로가 된다. 세상의 모든 스탬프가 자리한 이 공간이 누군가에게는 추억이 되고, 누군가에게는 시작이 되기를 바란다.

스탬프마마
주소 서울 마포구 월드컵북로2길 82 대명빌딩 2층
영업 시간 월~토 11:00~19:30 (매주 일요일 휴무)
인스타그램 @stampmama_official

여름문구사

푸른 잔디밭 운동장이 아름다운 제주 세화초등학교 옆, "No! 큰 기대, Yes! 작은 즐거움"을 외치며 작은 문구류들과 제주 기념품을 소개하는 여름문구사. 아기자기하고 푸근한 매력의 여름문구사는 어른도 당당하게 구경할 수 있는 문구점을 지향한다. 초등학교 앞 문구점에 들어가 자그마한 문구들을 오래 구경하고 싶은데, 수상한 사람으로 오해받을까 망설이던 경험이 있는 어른이라면 여름문구사에 찾아가보자.

가게 입구 위에 이전 매장의 간판이 그대로 있으니 길 찾기에 유의하자!

"눈으로만 보지 말고 만져요."
"3대 분실물(?) 중 하나인 립밤"

여름문구사 곳곳에 붙은 메모를 읽다 보면 어느새 시간이 훌쩍 지나 있다. 크레파스와 사인펜으로 적은 메모들은 때로 감성적이고, 때로는 무척 친근하다. 약간의 정보와 TMI가 곁들여진 메모들이 매력적이다.

때마다 바뀌는 매장 앞 입간판과
이달의 추천 상품 전단지.

도서 《여름문구사》

1인 출판사 '개미북스'를 운영하는 동네 이웃과 함께 만든 책. 문구점에 붙이던 손글씨 전단지를 모아 한 권의 책으로 엮었다. '사장님이 보내는 편지를 읽는 것 같다'는 소개가 잘 어울린다.

그린디자인웍스 공장 x 여름문구사

여름문구사의 작은 모티브들을 그린디자인웍스 공장의 노트에 예쁘게 담아낸 노트와 엽서들. 입간판에 붙이던 그림을 활용했다.

라프레미디 제주 트래블저널

수채화풍의 그림이 매력적인 트래블저널. 페이지마다 다른 그림이 그려져 있어 넘길 때마다 새로운 느낌을 받을 수 있다.

사이엔코리아 제주 마스킹테이프

- 여름문구사의 소개 -

사이엔은 화지의 본고장 일본 에히메현에서 1926년 출범한 고유 마스킹테이프 브랜드입니다. 제주도 콜라보 제품은 제주 내에서 저희 문구사에서만 판매하고 있습니다. 한국지사의 담당자님께서 굉장히 의리파이시라, 다른 업체에서 입점을 원해도 제게 독점권을 주셔서 감사한 마음으로 열심히 판매하고 있습니다. 이런 점이 굉장히 좋긴 하지만 제가 그만큼 많이 팔아드려야 할텐데, 작은 가게이다 보니 판매량이 어마어마하지는 않아서 늘 죄송스럽고 조바심이 나기도 합니다. 하지만 담당자님은 쿨하게 신경 안 쓰심 여름문구사에는 크고 화려하진 않을지라도 일상에 지쳤을 때 피식 웃게 하고 잔잔한 행복을 주는 물건들이 가득하다. 방문객들이 편안하게 들어올 수 있도록 문을 활짝 열어두고, 여름에는 시원하게 겨울에는 따뜻하게 맞이하는 곳. 이곳에서라면 잠시 동심으로 돌아가 친구와 조잘조잘 이야기를 나누고 자그마한 문구류에 설레던 하루를 보낼 수 있을 것이다.

여름문구사
주소 제주도 제주시 구좌읍 구좌로 77
영업 시간 월, 화, 목, 금, 토 11:00~18:00 (매주 수, 일 휴무)
인스타그램 @summer_mungusa

줄리엣의 편지

대전 도룡동 한적한 주택가 사이에 자리한 줄리엣의 편지는 좋아하는 것에 사랑과 애정을 담는 마음을 비추는 문구점이다. 좋아하는 것을 계속 좋아하는 일에도 용기가 필요하다. 목숨을 아끼지 않고 용기 있게 사랑한 줄리엣처럼, 좋아하는 스티커를 모으고 붙이고 자르며 나만의 취향을 차곡차곡 쌓다 보면 훗날 다시 펼쳤을 때 위로를 주는 따뜻한 편지가 될 것이다.

 귀여운 디자인의 문구류도 매력적이지만, 줄리엣의 편지는 일상을 담은 감성 일러스트의 세계를 소개한다. 큰 창으로 마주하는 사계절의 풍경과 느긋하고 고요한 분위기는 하루를 잘 기록하기 위한 물건을 고르는 순간에 여유를 더한다.

 매장에 들어서면 눈을 사로잡는 마스킹테이프 진열장. 손님들이 직접 보고 만지며 천천히 고를 수 있도록 넓게 진열하고, 판매 중인 문구로 꾸민 다이어리도 전시해 두었다.

일러스트 마스킹테이프

주로 해외 일러스트 작가의 제품을 소개하는 줄리엣의 편지에는 처음 보는 디자인의 마스킹테이프가 대부분이다. 특히 인물이 그려진 아기자기한 마스킹테이프가 다양하게 구비되어 있다.

클리어 스탬프

투명한 실리콘 재질로, 아크릴 블록에 부착해 잉크를 묻혀 찍는 클리어 스탬프. 손잡이까지 일체형으로 이루어진 스탬프에 비해 저렴한 가격에 다양한 디자인을 사용할 수 있어 인기가 좋다. 원하는 디자인을 아크릴 블록에 떼었다가 붙였다가 하며 자유롭게 사용한다.

대만 문구류

문구인들에게 유명한 대만 문구 라돌체비타 스튜디오 La doce vita studio, 피온 Pion 등의 브랜드 제품이 다양하게 구비되어 있어 국내에서 만나기 힘든 상품을 직접 볼 수 있다.

만년필 사용이 가능한 노트

고대 서적처럼 고풍스러운 페이퍼블랭크스 Paperblanks 노트, 일상과 여행 기록을 위한 트래블러스노트, 쓸 때 기분이 좋은 필기감을 추구하는 MD 노트 모두 오래도록 마니아 층에게 사랑 받아온 제품으로 기록의 즐거움을 경험할 수 있다.

'사랑을 담아, 나의 하루에게'라는 슬로건을 가진 줄리엣의 편지는 내 이야기가 하나의 귀한 책처럼 느껴지게 만든다. 셀 수 없이 다양한 사건을 용기 있게 헤쳐나가 마침내 결실을 맺는 한 편의 오래된 이야기처럼, 정성껏 담은 일상의 기록은 언젠가 나만의 동화가 된다. 문득 흘려보내기만 하던 일상을 더 소중히 간직하고 싶다면, 담쟁이 넝쿨이 매력적인 줄리엣의 편지에 방문해보자.

줄리엣의 편지
주소 대전 유성구 대덕대로 649
영업 시간 월~토 12:00~18:00 (매주 일요일 휴무)
인스타그램 @julietsletter

지혜이

　책상에 앉아 일, 공부를 하다가도 이따금 즐거울 수 있는 이유는 스케줄을 담당하는 예쁜 스케줄러, 가끔 훑어볼 때 그렇게 뿌듯할 수가 없는 일기장, 문득 너무 부드럽게 느껴지는 볼펜 때문에 아이디어가 샘솟던 순간들이 있기 때문일 것이다. 지혜이Geehey는 우리의 성장을 도우면서 즐겁게도 하는 책상 위 모든 물건을 소개한다. 무언가를 읽고 쓰는 시간이 조금 더 즐거워지길 바라는 마음이 가득 담긴, 밝고 따뜻한 문구점이다.

목재 가구에 알록달록한 색의 문구들이 자리한 내부 공간. 안락함을 주기 위해 집에 있을 법한 가구들로 매장을 채웠다. 깔끔하면서 어딘가 편안한 느낌을 주는 책상과 의자, 그 위의 문구들을 둘러보다 보면 발랄한 성격의 친구 집에 놀러온 듯한 기분이다.

 지혜이의 단골 손님은 이곳에 올 때마다 왜인지 스웨덴 할머니 집에 오는 것 같다는 말을 한다. 알록달록한 색의 클립보드, 작은 지우개, 볼펜 등 색채가 뚜렷한 제품들이 조화를 이루며 따뜻한 느낌을 주기 때문일 것이다. 실제로 지혜이에서는 방문객을 친절하게 맞이하고 함께 이야기를 나누기도 한다. 누구든 들러 문구점 주인과 인사를 나누고 근황을 주고받는 동네 사랑방 같은 공간이다.

① 클립보드

기존의 클립보드처럼 클립에 종이를 끼울 수도 있고, 박스 내부에 노트나 필기구를 보관할 수도 있는 지혜이만의 클립보드. 활용도가 좋아 인기가 많다.

② 마그넷 클립

종이 뭉치를 보관하거나 노트나 책의 바인더 클립으로 활용할 수 있는 클립. 뒷면에 자석이 있어 냉장고나 타공 보드에 붙여두기도 좋다.

③ 돌고래 스테플러

유머러스한 제품을 만드는 것으로 유명한 일본 문구 브랜드 세토 크래프트 Seto Craft의 스테플러. 귀여운 돌고래의 표정과 파도를 표현한 디테일이 무척 매력적이다.

④ 고민 주사위

문구를 살까 말까 고민하던 손님들을 보고 만든 고민 주사위. 'YES' 'NO' 등 마음속 물음에 대한 간단한 답변이 적혀 있다. 그럴듯한 해답을 주진 못하지만, 잠시 생각을 환기하고 마음을 가다듬게 한다.

⑤ X 밴드

책이나 노트가 가방 안에서 접히는 걸 방지하고, 가방 안을 깔끔하게 정리할 수 있도록 도와주는 X 밴드. 작지만 제 역할을 톡톡히 하는 알짜 물건이다.

⑥ 멀티 컬러 젤펜

독일 리코 디자인 Rico Design의 문구 브랜드 페이퍼 포에트리 Paper Poetry의 멀티 컬러 젤펜. 다양한 색감과 부드러운 필기감이 유용하다.

 지혜이의 시그니처 컬러는 노란색이다. 밝고 따뜻한 햇살처럼, 지혜이도 많은 사람의 마음에 즐겁고 따뜻한 공간으로 기억되면 좋겠다는 마음에서 정해진 색이다. 그래서인지 지혜이에 가면 방명록이 빼곡한 공간, 2호점 지혜이 블랭크의 고민을 남기는 공간 등 방문객들을 위하는 마음이 느껴지는 공간이 많다.

 문구 브랜드보다 문구점을 운영하는 공간 브랜드이기를 자처하는 지혜이. '무지 노트'를 뜻하는 '블랭크 blank'에서 아이디어를 얻은 2호점 지혜이 블랭크는 지혜이 본점과 비슷하면서 다른 분위기를 자아낸다. 빈 여백을 함께 채워나갈 귀엽고 예쁜 문구가 필요하다면 지혜이에 들러보자.

지혜이
주소 대구 수성구 교학로2길 51 1층
영업 시간 화~일 13:00~20:00
(매주 월요일 휴무)
인스타그램 @geehey_by_jihye

지혜이 블랭크
주소 대구 중구 경상감영길 175 3층
영업 시간 매일 13:00~20:00
인스타그램 @geehey_blank

INTERVIEW

지혜이

문구점의 로고나 이름에는 어떤 의미가 있나요?

'지혜이'는 제 이름에서 따온 이름입니다. 제 이름이 지혜예요. 직장인에서 자영업자로 새출발하기로 마음먹으면서 뭔가 그럴듯해 보이고 멋있는 가게 이름도 떠올렸는데, 결국 그런 이름들보다 나라는 사람을 공간에 고스란히 담을 수 있는 이름을 붙이게 되었어요. 미국 유학 당시 친구들이 저를 '지하이'로 부르더라고요. 누구나 쉽게, 그러면서 재미있고 경쾌하게 불렀으면 좋겠다는 생각에 상대를 반갑게 부르는 감탄사인 'hey'를 붙여 'Geehey'가 되었답니다. 손님들이 "가게 이름이 너무 예뻐요"라고 할 때마다 무척 뿌듯해요.

이 공간을 차리실 때 어떤 공간으로 만들고자 했나요?

직장 생활을 끝내고 내 공간을 만들어서 장사하고자 했을 때, 단순히 물건만 사고파는 공간이 아니라 누구나 쉽게 머물다 갈 수 있는 사람 냄새가 나는 공간으로 만들겠다는 모종의 자신감이 있었던 것 같아요. 미국에서는 길을 걷다가 벤치에 앉으면 옆자리에 앉은 사람과 두런두런 얘기도 하고, 예쁜 것을 보면 "이거 어디서 샀어? 너무 예쁜데~" 같은 말을 아무렇지도 않게 하거든요. 동네의 작은 카페는 사랑방이 되어 직원과 동네 주민이 아침마다 손 흔들며 인사하고, 살 게 없는데도 그냥 인사하러 가게로 터덜터덜 걸어 들어오는 일상들이 너무 따뜻하더라고요.

요즘은 손님들에게 말을 건네주는 다정한 가게가 많아진 것 같아요. 하지만 예전에만 해도 뭘 구경하러 들어가면 판매자와 구매자 그 이상도 이하도 아닌 건조한 분위기가 있었어요. 그래서 내 가게는 누구든 필요한 문구를 사러올 수도 있지만, 아무 이유 없이 들러 문구점 주인과 인사를 나누고 근황을 주고받는 동네 방앗간이 되어야지 생각했어요. 지혜이는 그런 다정하고 따뜻한 곳이에요. 알록달록 따뜻한 문구점이요.

문구점을 운영하면서 어떤 점을 가장 중요하게 여기시는지 궁금합니다.

저는 스스로를 '문구 전문가'가 아닌 문구점이라는 공간을 운영하는 '공간 운영가'라고 생각해요. 지혜이는 문구 브랜드가 아니라 다양한 문구 브랜드와 제품을 큐레이팅하고 판매하는 문구 편집샵입니다. 오랜 연구 경험을 바탕으로 하나의 제품을 끊임없이 출시하는 문구 브랜드들의 퀄리티를 저희 자체 제작 상품이 절대 따라잡을 수 없다고 생각해요. 그래서 그런 좋은 제품들은 '내가 만들어봐야지!'보다는 그 좋은 제품을 데려와 얼른 손님들께 그 제품과 제품에 담겨진 이야기를 소개해야겠다는 생각이 커요.

지혜이는 손님들에게 행복을 전달하는 문구점이라 지혜이의 제품 또한 디자인이든, 제작 배경이든 어느 하나에는 손님들을 웃게 하는 포인트가 있어야 해요! 입점 제안도 많이 받는데, 제가 입점 방식을 선호하지 않아서 지혜이에는 입점 브랜드가 거의 없고 대부분 제 취향에 맞는 제품들로 사입합니다. 지혜이는 바로 저이기 때문에 제 취향을 고스란히 반영해서 고르는 거죠. 요즘 유행하는 스타일이라고 들여오는 경우는 거의 없어요. 그리고 문구가 아닌 제품들은 다 사양하고 있습니다.

저희는 오프라인 리테일 매장이다 보니, 문구점 주인인 저 또한 '지혜이 메이트(지혜이 파트타이머 세일즈 담당자를 부르는 말)'로서 반드시 매장에서 근무해야 하는 날이 있어요. 손님들에게 얻는 인사이트와 아이디어가 엄청 많거든요. 얼마 전 출시한 지혜이 매쉬 필통도 그렇게 만들어졌어요. 지혜이에서 정말 많이 구매하시는 '블랙윙Blackwing' 연필이 웬만한 사이즈의 필통에는 들어가지 않아 다들 슬퍼하시는 모습을 보고 긴 필통을 만들었어요. 제품은 한 가지 확실한 셀링 포인트만 있어도 판매가 되는 것 같아요. 필통의 컬러에도 신경을 많이 썼지만 '블랙윙도 들어가는 필통'이라는 점이 이 제품의 가장 분명한 셀링 포인트랍니다.

오시는 손님분들이 제품을 고를 때 꽤 오랜 시간 고민하시는 것을 관찰하다가 탄생한 '고민 주사위'도 있어요. 저도 필통에 넣고 다니며 고민이 있을 때 한번씩 기분 전환 겸 던져 본

답니다.

지혜이의 제품은 팔릴만한 제품들을 쭉 나열해 놓은 게 아니라 모두 저마다의 이야기가 있습니다. 손님이 '이 제품은 왜 들이신 거예요?'라고 물으신다면 그 제품의 제작자, 제품에 대한 스토리, 제품에 대한 문구점 주인만의 관점 등을 술술 읊을 수 있어요. 고유한 디자인, 제품력, 혹은 스토리, 이 중 하나라도 해당하는 게 없다면 지혜이에 들여놓지 않아요.

페이퍼레리아

페이퍼레리아Papereria는 스페인어로 문구점을 뜻하는 '빠뻬레리아papleria'를 살짝 변형하여 지은 이름이다. 20년간 직접 찍어온 필름 사진을 엄선하여 제작한 엽서와 포스터를 소개하는 페이퍼레리아. 방문객은 이곳에서 필름 카메라로 찍은 엽서를 고르고, 편지를 쓰고, 봉투에 넣어 봉하는 아날로그 감성을 경험할 수 있다. 사소하고 짧은 시간일지 몰라도 느림의 가치를 스스로 느끼고 시간을 기록으로 남겨 기억할 수 있는 문구점이다.

'PPRR'이라고 적힌 창은 직접 제작한 스테인드글라스 창이다. 페이퍼레리아의 메인 컬러인 주황색이 포인트.

10년 동안 명함을 만들던 곳에 자리한 페이퍼레리아는 오랫동안 종이를 다루었던 공간의 세월을 이어받고자 창문 시트지를 제거하지 않고 그대로 남겨두었다. 셀프 인테리어를 통해 꾸린 공간은 유럽 어딘가의 옛 우체국 같은 느낌이 든다. 매장의 컨셉을 살리기 위해 빈티지 가구들을 구해 배치하고, 구석의 작은 스툴 하나도 신경 써서 골랐다.

넓게 펼쳐지는 메인 공간을 지나, 진열장 사이를 공간을 통과하면 마주하는 실링 왁스 체험 공간도 무척 아늑하다.

필름 사진 포스터

페이퍼레리아의 메인 상품. 일부는 페이퍼레리아의 감성을 담은 그래픽을 넣어 감각적인 느낌을 더했다.

필름 사진 엽서

포스터와 달리 디자인 요소 없이 온전히 사진 그대로를 담은 엽서. 뒷면 디자인도 다양하게 구성하여 정형화되지 않은 빈티지 제품의 느낌을 살렸다.

실링 왁스

350종이 넘는 다양한 디자인의 인장을 구비한 페이퍼레리아. 실링 왁스를 스티커 형태로 쉽게 사용할 수 있도록 포장한 제품을 구매할 수도 있고, 직접 실링 왁스를 만드는 것도 가능하다.

필름 카메라 제품

필름 사진을 중심으로 하는 문구점인 만큼 사진 필름, 일회용 필름 카메라 등 사진 관련 제품도 판매한다.

편지지와 필기구

편지 쓰기에 집중할 수 있는 심플한 무지 디자인의 편지지와 직접 일본에 방문해 사용해보고 들여온 필기구들. 매장에서 편지를 쓰고 갈 수 있으며, 우표 구매를 어려워하는 방문객들을 위해 페이퍼레리아에서 편지를 대신 부쳐주기도 하니 이용해보자.

직접 디자인한 도장, 마스킹테이프, 작은 미니 카드까지 미처 설명하지 못한 디테일이 가득한, 어느 하나 허투루 놓이지 않은 공간. 그래서인지 이곳에 들어서면 다른 세계로 이동한 느낌이 든다. 우리에게는 빠르게 변하는 사회에서 잠시 벗어나 필름 카메라로 사진을 찍고, 현상되기를 기다리고, 편지를 부쳐 목적지에 도착하기를 기다리는 시간이 필요한지도 모른다. 기다림의 미학을 믿는 사람이라면 분명 이곳에서 가치 있는 시간을 보낼 수 있을 것이다.

페이퍼레리아
주소 서울 마포구 월드컵북로1길 64 2층
영업 시간 월, 화, 목, 금, 토, 일 12:00~19:00 (매주 수요일 휴무)
인스타그램 @papereria.official

페이퍼룰러

　내가 좋아하는 것을 소개하는 문구점, 페이퍼룰러 paperuler. 일산의 평화로운 골목 어딘가, 작은 공간에 자리한 페이퍼룰러에 들어가보면 아기자기하고 편안한 문구들이 알차게 모여있다. 좋아하는 것을 꼭꼭 모아둔 공간이 꼭 '소중한 나만의 아지트' 같은 느낌을 주는 곳. 다양한 국내 작가와 브랜드가 각자를 담아낸 모든 물건을 소개하는 페이퍼룰러에 머물다 보면 한구석에서 내 취향에 꼭 맞는 문구를 발견할 수 있을 것이다.

'종이 자'라는 뜻의 이름 페이퍼룰러는 이케아에서 나누어주는 종이 줄자에서 따왔다.

페이퍼룰러는 작고 아담한 공간에 2,500개가 넘는 상품을 진열하기 위해 엽서나 포스터들을 겹쳐서 진열한다. 앞쪽에 있는 제품에 눈길이 가는 것을 고려해 수시로 앞뒤를 바꿔주는 세심함이 돋보인다.

[탭탭탑탑] 눈 마주치면 스트레칭해야 하는 스티커

모니터 아래, 휴대폰 뒤에 붙여두면 발견할 때마다 스트레칭을 하게 되는 귀엽고 유용한 스티커. (@taptaptoptop)

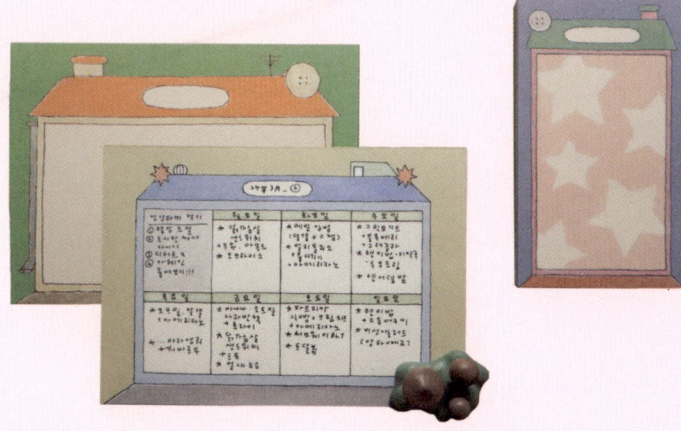

[5dock] House 메모지 시리즈

집 모양의 메모지 시리즈. 집 안에 각각 위클리, 먼슬리, 체크리스트, 무지 디자인이 담겨있어 다양하게 활용 가능하다.

(@5dock_dd)

[민도비] Pound Cake 리소 카드

강아지와 고양이 위에 촛불이 올라가 있는 카드. 리소 프린팅 기법을 사용하여 조금씩 어긋나는 디자인이 매력적이다.

(@mindobitto)

[후르츠후라이] Fruit 마스킹테이프

다양한 과일 패턴의 마스킹테이프. 발랄한 색감이 매력적이다. 15종이 넘는 디자인이 있어 골라보는 재미가 있다. (@fruitfrieslab)

[어레터프롬] 축하합니다 카드

스티커를 사용해 내 마음대로 케이크를 꾸밀 수 있는 축하 카드.

(@a_letter_from_shop)

긴 아크릴 선반 7개가 붙어있는 흰 벽은 페이퍼룰러의 전시 공간이다. 방문할 때마다 새로운 것을 볼 수 있으면 좋겠다는 마음에 매달 새롭게 꾸미는 공간으로, 작가와 함께 협업 전시를 진행하기도 하고, 하나의 주제를 정해 그에 맞는 상품을 진열하기도 한다.

작은 공간이지만 아주 많은 물건이 있는 페이퍼룰러. 문구를 사랑하는 사람이라면, 귀엽고 아기자기하면서 감성도 놓치지 않은 이곳에서 최고의 시간을 보낼 수 있을 것이다.

페이퍼룰러
주소 경기 고양시 일산동구 일산로463번길 38 1층
영업 시간 수~일 12:00~19:00 (매주 월, 화 휴무)
인스타그램 @paperuler_

포스트카드오피스

경주에 자리한 가상의 우체국, 포스트카드오피스. 곱슬머리가 멋진 우체부 '레이터 씨'와 귀여운 말티즈 '벼리' 캐릭터를 중심으로 다양한 엽서와 포스터, 스티커를 소개하는 문구점이다. 강릉에 있던 본점이 경주로 옮겨 오면서 경주와 관련된 디자인이 늘었다. 밝고 통통 튀는 분홍색이 매력적인, 즐거움이 가득한 공간으로 떠나보자.

 내부로 들어가면 한가운데 노란색의 철제 캐비넷이 자리하고 있다. 처음 계약할 당시 그대로의 어두운 바닥과 벽을 살리고, 대신 쨍한 원색의 가구들로 대비를 준 인테리어는 오히려 더 특별한 느낌이 든다. 조명이 설치된 분홍색의 철제 캐비넷은 레트로 디자인과 팝 컬쳐의 감성이 섞여 신선함을 더한다.

포스트카드오피스 엽서

레이터 씨와 벼리의 일상, 경주의 유적지와 유물을 소재로 한 포스트카드오피스의 시그니처 엽서. 즐거워 보이는 두 캐릭터를 보고 있기만 해도 웃음이 새어 나온다.

스마트톡

경주의 대표 간식 황남빵과 십원빵을 비롯해 경주를 컨셉으로 한 다양한 디자인의 스마트톡.

마스킹테이프
레이터 씨와 벼리, 마음을 담은 편지, 우체통 일러스트가 그려진 귀여운 마스킹테이프.

경주 종이컵
신라 시대 복장을 하고 있는 레이터씨와 벼리를 담은 종이컵. 머그컵도 있어 용도에 맞게 선택할 수 있다.

아기자기한 포스트카드오피스의 캐릭터 제품이 가득한 공간. 엽서만 가득하던 강릉과 달리 경주로 옮기며 경주의 특색이 담긴 문구류, 소품들이 더해져 즐길 거리가 더욱 다양해졌다. 카페도 함께 운영하고 있으니, 창밖의 왕릉을 보며 잠시 쉬어가도 좋을 것이다.

포스트카드오피스

경주 본점
주소 경북 경주시 태종로727번길 25 1층
영업 시간 월,수,목,금,토,일 12:00 - 19:00 (매주 화요일 휴무)
인스타그램 @postcard.office

강릉점
주소 강원 강릉시 화부산로40번길 29 상가동 105호
영업 시간 월,목,금 12:00~17:00, 토,일 12:00~17:30
(매주 화, 수 휴무)
인스타그램 @postcard.office_gn

플러스82프로젝트

　양재동 골목에 위치한 플러스82프로젝트는 흔하게 볼 수 없는 국내외 문구들을 소개하고 감각적인 라이프스타일을 제안하는 문구 편집샵이다. 특히 아름답고 우아한 꽃무늬가 매력적인 브랜드 '라이플페이퍼 Rifle Paper Co.'의 공식 한국 유통사로서 라이플페이퍼 제품의 실물을 직접 보고 느낄 수 있는 곳으로 잘 알려져 있다. 매장에는 라이플페이퍼뿐 아니라 여러 브랜드의 아름답고 기능적인 제품들을 소개하고 있으니, 양재천을 산책하다 들른다면 일상의 단조로움을 환기할 수 있을 것이다.

　시원한 통창 문을 열고 내부로 들어서면 모던한 감각으로 꾸며진 깔끔한 공간이 나타난다. 입구 오른쪽에는 나무장을 두어 꽃이 많이 등장하는 라이플페이퍼의 제품을 진열했다. 곳곳에 놓인 생화와 바닥에 깔린 카펫도 따스한 느낌을 더한다.

　단순히 제품을 파는 공간이 아니라 영감을 주고받는 창구가 되기를 바란다는 플러스82프로젝트.답게 제품 진열도 각 브랜드의 개성이 느껴지도록 세심하게 연출했다.

라이플페이퍼 생일 축하 카드
라이플페이퍼 특유의 보타니컬 아트와 위트 있는 일러스트가 더해진 생일 축하 카드. 금박으로 포인트를 준 디자인이 고급스러운 느낌을 준다.

크래프트 디자인 테크놀로지 제품
심플한 디자인이 매력적인 일본 브랜드 크래프트 디자인 테크놀로지 Craft Design Technology의 문구. 책상 위를 깔끔하게 정리하고 싶은 사람들에게 추천한다.

라이플페이퍼 탄생월 미니 자수 노트
양장 노트에 새겨진 섬세한 자수가 아름다운 미니 노트. 월별 탄생화를 새겨넣어 생일, 기념일 등 다양한 날을 기억하기 위한 선물로 좋다.

더컴플리티스트 가위
특유의 대담한 색상과 재미있는 패턴이 돋보이는 영국의 문구 브랜드 더컴플리티스트 The Completist의 가위. 이 가위는 특별히 이탈리아 장인의 수작업으로 완성된다. 기능성과 아름다움을 모두 잡은 제품.

라이플페이퍼 소품
라이플페이퍼의 소품들. 일상 곳곳에 스며드는 컬러풀한 아이템은 'Live Beautifully'라는 브랜드 철학을 고스란히 담고 있다.

플러스82프로젝트는 '더 나은 삶을 위한 일상의 도구'를 소개하고자 한다. 단순히 예쁘기만 한 것이 아니라 영감과 일상의 에너지를 채워주는 문구, 일상에 의미 있고 지속적인 변화를 만들 수 있는 문구를 원하는 사람이라면 플러스82프로젝트에서 마음에 드는 물건을 찾을 수 있을 것이다.

플러스82프로젝트
주소 서울 서초구 양재천로 103-7 1층
영업 시간 평일 11:00~18:00, 주말 12:00~17:00
인스타그램 @plus82project

플로팅

읽는 사람은 책상 위의 시간을 소중히 여기고, 언젠가 반드시 쓰게 된다. 플로팅은 사람들의 읽는 시간 너머를 생각하며 읽고 쓰는 삶을 더욱 풍요롭게 해줄 문구들을 소개한다. 소설이나 시나리오의 구성을 의미하는 '플롯plot'에 진행형 '-ing'를 붙여 만든 이름 플로팅ploting은은 직역하면 '구성 중'이라는 뜻으로, 나만의 이야기를 구성해 나가자는 의미가 담겨있다. 유행이나 남의 시선을 신경 쓰지 않고 나만의 취향을 찾고 싶은 사람에게 꼭 어울리는 공간이다.

작고 오밀조밀한 공간에 직접 제작한 원목 가구로 꾸민 내부는 차분하면서도 견고하다. 다양한 색감의 문구와 소품들이 더하는 밝은 기운이 매력적인 곳. 낮은 선반을 많이 배치해 공간을 다양하게 활용했다.

플로팅 외부에는 화려한 색감의 뜨개 테이블보와 노란 의자가 놓인 공유마당이 있다. 자유롭게 꺼내볼 수 있는 책이 비치된 공유마당에서 읽는 사람들을 위한 문구점이라는 특색이 잘 드러난다.

[플로팅X아토일] 가죽 연필 캡

쓰기 편한 연필 뚜껑을 찾다 직접 제작하게 된 가죽 연필 캡. 플로팅 아래층의 가죽 공방 아토일과 협업하여 만들었다. 쉽게 빠지거나 깨지는 플라스틱 연필 캡과 달리 연필에 꼭 맞아 유용하다. (@atoil_)

문진 북클립

필사를 즐기는 사람에게 추천하는 제품. 클립 안쪽 면이 부드러운 천으로 덧대져 있어 종이가 손상되지 않으면서 책을 고정해준다.

[소소나] 펜 거치대

소소나 유리 공방의 펜 거치대. 예쁜 거치대에 펜을 두면 필사 시간이 더 즐거워진다. (@sosona_yuri)

[유월은] 밴딩 북마크

사이즈 조절이 가능해 다양한 책에 맞춤으로 사용할 수 있는 밴딩 북마크. 붉은 하트 모양의 디자인은 플로팅에서만 만날 수 있다. (@yuwol.eun)

걱정을 먹는 노트

과테말라에서 수작업으로 제작되는 공정무역 노트. 걱정을 짧은 문장으로 정리해 노트에 적다 보면 어느 정도 감정이 해소되는 기분이다. 노트 표지를 지키는 걱정 인형들이 걱정을 먹어주는 덕분일지도!

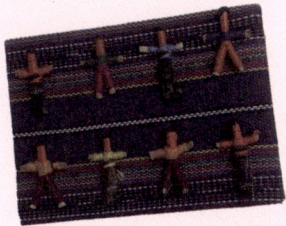

읽는 사람들의 라이프스타일을 연구하며 천천히 나아가는 작은 상점, 플로팅. 로고의 종이비행기는 방문객들이 플로팅에서 다루는 다양한 문구들과 함께 약하더라도 천천히 하늘로 나아가기를 바라는 마음이 담겼다. 유행에 휩쓸리기보다 나만의 취향과 멋을 찾아가며 단단하게 나아가는 사람들을 위한 문구점이다.

플로팅
주소 서울 마포구 성미산로29길 40-16 1층 102호
영업 시간 월, 화, 목, 금, 토, 일 12:00~20:00 (매주 수요일 휴무)
인스타그램 @ploting_life

디자인의 세계
브랜드의 철학과 무드를 느끼는 공간

덴스 버라이어티 스토어

롤드페인트

리훈맨션

미도리작업실

제로스페이스

키오스크키오스크

파페테리큐

포인트오브뷰

풀풀

덴스 버라이어티 스토어

　디자인 스튜디오 '덴스Thence'에서 운영하는 덴스 버라이어티 스토어는 특유의 아메리칸 빈티지 감성과 키치한 무드가 가득한 문구소품샵이다. 차분한 문구류도 매력적이지만, 자유롭고 유머러스한 아메리칸 빈티지 스타일은 그만의 매력이 있다. 나만의 개성을 마음껏 뽐내고 싶은 날이라면, 덴스 버라이어티 스토어에 들러 취향의 문구를 찾아보자.

　덴스 버라이어티 스토어의 일부 공간은 하이틴 감성의 미국 고등학교 컨셉, 내면을 치유하는 약국 컨셉 등 시즌별로 변하는 컨셉에 따라 색다르게 연출된다. 늘 새로운 분위기로 탈바꿈하는 공간, 다양한 문구 소품을 다루는 공간이라는 점에서 '다양성'을 뜻하는 '버라이어티 variety'가 이름에 들어갔다.

콜렉트 북

포토 카드, 엽서, 영수증 등 원하는 것을 수집할 수 있는 콜렉트 북. 은은하게 반짝거리는 커버가 눈을 사로잡는다. 색상, 소재 등 다양한 옵션이 있어 취향에 맞게 선택할 수 있다.

메이트 포토 홀더

나만의 특별한 짝꿍이나 조합을 담을 수 있는 포토 홀더 키링. 햄버거와 감자튀김, 하얀 강아지와 네잎 클로버처럼 각자의 조합을 위트 있게 표현해준다. 사랑하는 이를 함께 담아 추억하기에도 좋은 제품.

레터 스티커

90년대 유행하던 콜라주 기법에서 영감을 받아 제작된 덴스의 대표 스티커. 지금까지 총 8가지의 다양한 디자인이 출시되었다. 다이어리, 문구류, 소품 등에 개성을 더하기 좋다.

페이퍼 북

덴스의 그래픽을 모아 뜯어쓰기 좋은 패드 형식으로 만든 페이퍼 북. 40가지 디자인을 작은 포스터로 재구성한 뒤 아트지, 모조지, 팝아트지 3종류의 종이로 제작해 엮었다. 취향에 따라 그때그때 골라 사용하는 재미가 있다.

메모 북

덴스만의 컬러와 그래픽이 돋보이는 작은 사이즈의 노트.
일상에서 끄적이는 모든 순간이 한 권의 단행본이 될 수 있다는
생각에서 출발한 제품이다.

메모 북, 키링 등 일상과 맞닿아 있으면서 특유의 감각이 더해진 덴스의 문구 제품은 볼 때마다 즐거운 기분을 선사한다. 빈티지한 무드에 귀여운 디테일까지, 문구 하나에도 나만의 취향을 담고 싶은 사람이라면 덴스의 매력에서 쉽게 헤어나오지 못할 것이다.

덴스 버라이어티 스토어
주소 서울 종로구 율곡로 185 1층
영업 시간 화~토 14:00~19:00
(매주 월, 일 휴무)
인스타그램 @thence_studio

덴스 아카이브 (연남)
주소 서울 마포구 연남동 257-5 1층
영업 시간 화~일 11:00 ~ 19:00
(매주 월요일 휴무)

롤드페인트

롤드페인트rolledpaint는 수많은 마스킹테이프를 소개하고, 마스킹테이프와 함께하는 라이프스타일을 알리는 마스킹테이프 전문 문구점이다. '돌돌 말린 물감'이라는 뜻의 이름처럼 마스킹테이프를 재료로 그린 그림과 다양한 작업을 보여주는 공간이기도 하다. 마스킹테이프를 사랑하는 마음과 마스킹테이프의 매력을 알리고자 하는 마음이 가득한 곳. 롤드페인트에 방문한다면 마스킹테이프의 새로운 매력을 느낄 수 있을 것이다.

매장에 들어서자마자 보이는 한쪽 벽을 가득 채운 마스킹테이프 진열장.

'마음에 들지 않으면 떼면 되니까.'

붙였다 떼었다 할 수 있는 마스킹테이프는 일단 한번 시도해보라는 응원의 메시지를 던져주는 듯하다. 롤드페인트에 방문하면 샘플 마스킹테이프를 자유롭게 붙여 나만의 책갈피를 만들어갈 수 있다. 마스킹테이프를 통해 일상에서 용기를 얻길 바라는 마음이 담긴 롤드페인트의 작은 선물이다.

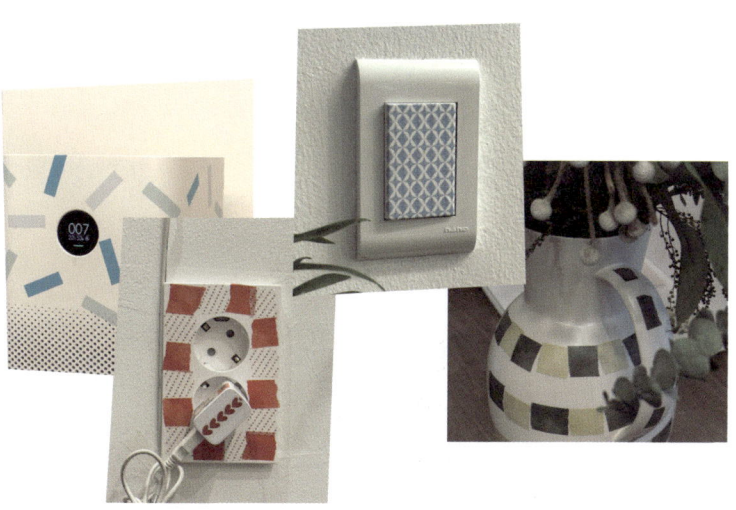

물건에 마스킹테이프를 찢어붙여 새로운 가치를 더하는 작업을 제안하는 롤드페인트에는 곳곳에 마스킹테이프가 붙어있다. '이런 곳에도 마스킹테이프가?' 찾아보는 재미가 쏠쏠한 공간!

　양쪽 벽이 모두 진열장으로 짜여있어, 마스킹테이프에 둘러싸인 듯한 느낌을 준다. 샘플도 곳곳에 비치되어 있어 마스킹테이프의 패턴을 편하게 볼 수 있도록 했다.

내추럴 컬러 마스킹테이프
물감처럼 자연스럽게 퍼지는 표현을 구현하고자 제작한
마스킹테이프. 자연에서 영감을 얻은 색상으로 구성되어 있다.
수채화처럼 겹쳐지는 색이 매력적이다.

마스킹테이프 아트 엽서
마스킹테이프 아트 작업을 담은 엽서. 일상의 장면들을 그림 일기처럼 담았다.

스페셜패턴 마스킹테이프

마스킹테이프로 만든 그림을 다시 마스킹테이프로 재탄생시킨 롤드페인트만의 패턴 마스킹테이프.

리사이클 디스펜서

리사이클 소재를 활용해 제작한 마스킹테이프 전용 디스펜서. 플라스틱 병뚜껑을 녹여 제작해 단 하나뿐인 무늬를 가질 수 있다. 노플라스틱선데이와의 협업 제품. (@noplasticsunday)

일력 마스킹테이프

해마다 기간 한정으로 소개하고 있는 일력 마스킹테이프. 1월 1일부터 12월 31일까지 365일 치의 달력이 담겼다. 하루에 한 조각씩 찢어붙이다 보면 어느새 1년이 훌쩍 지난다.

남녀노소 다양한 연령층의 손님들이 방문하는 롤드페인트는 그만큼 다양한 종류의 마스킹테이프를 소개한다. 색다른 매력의 마스킹테이프 작업물을 구경하는 재미도 있다. 당장 무언가를 시작하기가 불안하고 두렵다면, 롤드페인트에서 마스킹테이프를 붙였다 떼었다 하며 마스킹테이프가 전하는 메시지를 경험해보자.

롤드페인트
주소 서울 마포구 양화로6길 57-6 2층
영업 시간 월, 수, 목, 금, 토, 일 13:00~20:00 (매주 화요일 휴무)
인스타그램 @rolled_paint

리훈맨션

디자인 문구 브랜드 '리훈rihoon'에서 제작한 문구와 필기구를 소개하는 리훈맨션. 리훈은 '모든 사람의 삶에 맞는 다이어리는 따로 있다'는 생각으로, 전 연령대의 다양한 사용자에게 꼭 맞는 다이어리와 문구 제품을 만든다. 취업을 앞두고 있거나, 중요한 시험을 준비하거나, 아이가 생기는 등 인생의 흐름이 전환점을 만나는 시기가 있다. 리훈은 이 시기에 기록을 통해 삶의 방향을 찾고 작은 변화의 씨앗을 심을 수 있도록 돕고자 한다.

리훈맨션에 들어가면 제일 먼저 리훈의 대표 제품 '이야기 다이어리'를 진열해 둔 벽이 눈에 띈다. 상단의 화면에서는 문구 ASMR이 재생되고 있어, 연필 쓰는 소리와 종이 넘기는 소리가 조용히 퍼진다. 아날로그 문구의 감성을 오롯이 느낄 수 있다.

직장인을 위한 업무 노트 공간, 임산부나 신생아 부모님을 위한 육아 기록 공간, 수험생을 위한 스터디 플래너 공간 등 사용하는 사람에 따라 제품을 진열한 공간에서 방문객들을 배려하는 마음이 느껴진다.

이야기 다이어리

10년째 꾸준히 사랑받고 있는
대표 제품. 다양한 옵션이 있어
다이어리에 나를 맞출 필요 없이
기록 스타일에 따라 자유롭게 나에게
꼭 맞는 구성을 선택할 수 있다.

하고 싶은 말 다이어리

따뜻한 응원과 위로의 문장이 담긴
다이어리. 한 달의 시작마다 마음을
어루만지는 문구가 등장하고,
표지에도 따뜻한 말이 적혀있어 매번
펼칠 때마다 작은 용기와 힘을 얻을
수 있다.

서툴지만 잘 부탁해 신생아 수유일지

아기의 수유·배변·수면을 한눈에 정리할 수 있는 신생아 기록지.
처음 육아를 시작한 부모님을 위한 맞춤형 제품이다.

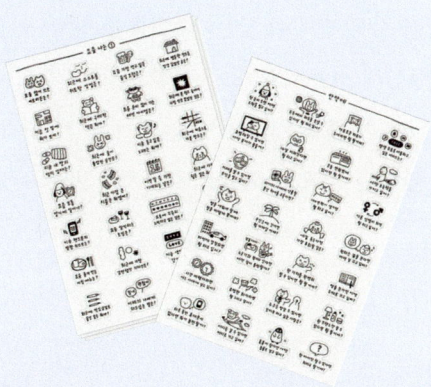

하찮은 질문스티커

무엇을 써야 할지 모를 때, 막막함을 덜어주는 귀여운 스티커.
흥미로운 질문이 많아 이야기가 술술 떠오른다.

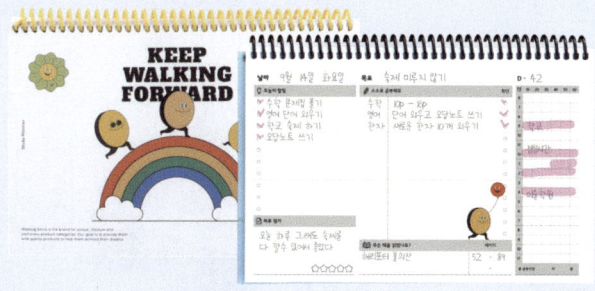

워킹스마일 초등학생 스터디플래너

스스로 계획을 세우고 실천하는 힘을 기르는 초등학생 전용
스터디플래너. 저학년용과 고학년용으로 나뉘어 있어 나이에
맞게 사용하기 좋다. (사진은 고학년용) 공부 습관의 시작을
도와주는 첫 다이어리로 추천!

나에게 어떤 기록 방식이 맞는지, 기록을 잘할 수 있을지 고민된다면 리훈맨션에 방문해보자. 목적별로, 상황별로 다양하게 큐레이션되어 있는 제품을 비교해보고, 나에게 딱 맞는 상품을 찾아 각인까지 한다면 앞으로 일상을 차곡차곡 채워나갈 힘이 생길 것이다.

리훈맨션
주소 서울 마포구 동교로41길 30 지하 1층
영업 시간 수, 목, 금, 토, 일 12:00~20:00 (매주 월, 화 휴무)
인스타그램 @rihoon
@rihoon_mansion

미도리작업실

　미도리작업실은 '누구나 자기만의 비범함을 지니고 있다'는 믿음에서 시작된 공간이자 브랜드이다. '평범함이 곧 비범함'이라는 문구처럼, 이곳을 방문한 사람들이 좋아하는 것을 찾고 나만의 방식을 꾸려나가며 자기만의 리듬으로 살아가도록 응원하는 곳. 미도리작업실이 전하는 메시지와 싱그러운 에너지가 가득한 공간에서 나만의 무언가를 찾아가보자.

미도리작업실의 내부는 따스하고 일상적인 느낌으로 꾸며져 있다. 해내지 않으면 뒤처지는 시대에서 특별한 것을 하지 않아도 괜찮은 곳을 마련하고 싶었다는 미도리작업실.

매장 곳곳에 미도리작업실이 전하는
금일의 표어가 붙어 있다.

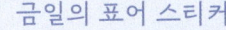

금일의 표어 스티커

미도리작업실 매장 앞에는 매일
바뀌는 금일의 표어가 있다.
오늘을 어떻게 보내면 좋을지,
어떤 사람이 되고 싶은지
고민하며 적어온 표어를 모아
만든 스티커. 지친 일상에
힘을 준다.

좋아하는 마음을 마음껏
좋아하자 티켓 홀더

'마음껏 야구 직관을
즐겨보자!'는 마음으로
제작한 티켓 홀더.
구단별로 디자인이 있어
골라 구매할 수 있다.

마음을 다잡는 메모지
금일의 표어를 테마로 만든 메모지. 미도리작업실의 캐릭터 '토마토네코'의 귀여운 표정이 마음을 사로잡는다.

좋아하는 마음을 주렁주렁~ 카라비너
무언가를 좋아하는 마음은 모이고 모여 삶을 지탱한다. 어떤 마음들을 모아왔는지 주렁주렁 달 수 있도록 도와주는 카라비너. 애호의 방향을 뽐낼 수 있다.

이상하리만큼 일상적인 공간을 구현하고 싶었다는 미도리작업실의 한 켠에는 어린 시절부터 모아온 메모지, 엽서, 스티커 같은 종이들이 가득 붙어있다. 처음에는 벽면의 얼룩을 가리기 위함이었지만, 지금은 방문객들이 사진을 찍고 가는 공간이 되었다. 이처럼 미도리작업실은 누군가가 모아온 평범함의 기록이다. 이곳에서 다정한 기운을 가득 얻어, 마음 속에 쌓이고 있는 나만의 평범함을 찾아보는 것도 좋을 것이다.

미도리작업실
주소 경기 동두천시 삼육사로 1002번길 97 상가동 2층 201호
영업 시간 월~토 13:00~18:00 (매주 일요일 휴무)
인스타그램 @mdrlife.kr

INTERVIEW

미도리작업실

이 공간을 차리실 때 어떤 공간으로 만들고자 하셨는지 궁금합니다.

미도리작업실의 '미도리緑'는 일본어로 '초록'을 뜻해요. 초록이라는 색이 주는 안정감과 생명력이 좋아 붙인 이름입니다. 뒤에 작업실이라는 단어를 붙인 것은 이 공간이 단순한 판매 공간이 아닌 제가 좋아하는 것들을 실험하고, 실패하고, 기록하는 과정을 천천히 쌓아가는 장소라는 것을 전달하고 싶었기 때문입니다.

속도는 빨라지고, 비교는 치열해지고, 마음은 바빠지는 시대에서 작게나마 숨 쉴 틈을 만들고 싶었어요. 그래서 이상하리만큼 일상적인 공간을 만들고자 했습니다. 뭔가 특별한 걸 하지 않아도 괜찮은 곳. '좋아하는 것을 해보자!'라는 마음이 들게 하는 곳. 오직 나의 속도로 머무를 수 있는 곳을 마련하고 싶었습니다.

그런 공간을 만들려면 일단 제가 가장 편안하게 일할 수 있어야겠다고 생각했어요. 오랫동안 살아온 경기 동두천의 집과 가까운 거리에 제가 감당할 수 있는 테이블 수와 규모로 가게를 구했습니다. 너무 크지 않고, 너무 번잡하지 않으며, 제 하루를 무리 없이 꾸릴 수 있는 조건 안에서요. 그렇게 일상적인 공간을 만들어두니 와주시는 분들이 '이상세계에 온 것 같다'고 말씀해 주시더라고요!

매장 외부나 내부의 공간 인테리어에 신경을 쓰신 부분이 있나요?

사실 인테리어라고 하기도 좀 민망해요. 처음 시작할 때 예산이 많지 않아서 공간을 최대한 손대지 않고 쓰기로 마음먹었거든요. 이전 세입자 분이 쓰시던 벽지도 그대로 두기로 했는데, 벽면에 얼룩이나 사용감이 남아있어서 어떻게 덮어볼까 고민하다 어릴 때부터 모아온 종이들을 꺼내 하나하나 붙이기 시작했어요. 엽서, 스티커, 포스터, 받은 편지들, 좋아하는 브랜드의 패키지 조각 같은 것들로요. 제 취향과 기억, 마음의 방향이 자연스럽게 드러나는 곳이라 가장 아끼는 부분이에요. 들러주시는 분들께서 그 벽을 배경으로 사진을 찍기도 하시고요. 붙어있는 종이들을 매개로 이야기를 나누기도 해요. 미도리작업실이라는 공간이 어떻게 쌓여왔는지를 조용히 말해주는 풍경이라고 생각합니다.

문구 제품을 제작할 때, 어떤 기준을 두고 만드시는지 궁금합니다.

시기마다 떠오르는 자연스러운 고민들의 해결점을 눈으로 보기 위해 물건으로 만듭니다. 겪고 있는 고민과 솔직하게 마주하고, 그걸 물건으로 풀어낼 수 있을 때 비로소 미도리작업실다운 제품이 된다고 생각해요. 그래서 미도리작업실의 문구는 단순한 디자인 상품이라기보다는, 그때그때 스스로를 다잡기 위해 만든 생활 도구이자 감정 기록에 더 가까워요.

예를 들어, 야구 티켓 홀더는 그저 하루하루 버텨내던 시기에 만들게 된 제품이에요. 그러다 야구를 만나 하루도 빠짐없이 경기를 챙겨보면서 '무언가를 좋아할 수 있는 나'를 다시 느끼게 되었어요. 그렇게 '좋아하는 마음을 마음껏 좋아하자'라는 문장을 붙여 그 감정들을 담아둘 수 있는 티켓 홀더를 만들었습니다.

사업을 하다 보면 마음이 흔들리는 날이 많더라고요. 그럴 때마다 나에게 건네는 말들을 매일 하나씩 써왔어요. 그게 쌓여서 '금일의 표어'가 되었고, 그 문장들을 스티커로 만들면서 미도리작업실을 대표하는 콘텐츠가 되었죠. 이를 기반으로 스티커, 핀 버튼, 메모지 등 다양한 문구 제품을 만들고 있어요. 이처럼 미도리작업실 제품은 제가 겪은 마음으로부터 시작됩니다. 처음에는 저를 위로하고자 만든 작업물이었지만, 이제는 비슷한 시기를 지나고 있는 누군가에게도 작은 응원이 되기를 바라며 작업을 이어나가고 있어요.

제로스페이스

제로스페이스는 'Earth, Travel, Love'를 주제로 여행과 일상에서 발견한 소중한 것을 그림으로 담아내는 그래픽 디자인 스튜디오 '제로퍼제로zeroperzero'의 오프라인 공간이다. 제로퍼제로의 제품뿐 아니라 직접 고른 수입 문구류도 함께 소개하고 있어 즐길 거리가 풍성한 곳. 가족, 동물, 국보와 유물 등을 소재로 그려낸 제로퍼제로만의 세계로 떠나보자.

제로스페이스 망원점에는 구석구석 비밀 공간이 있다. 먼저 매장 안쪽으로 들어가면 포스터만을 위한 공간이 나온다. 지도 포스터, 가족 일러스트 포스터, 동물 포스터 등 다양한 포스터가 가득하다.

들어가자마자 왼쪽의 좁은 통로를 지나면 제로퍼제로와 미피의 협업 제품만으로 채워진 미피룸도 있다. 귀여운 미피 엽서와 굿즈를 한곳에서 만나볼 수 있는 곳이다.

가족 일러스트 포스터
제로퍼제로의 다양한 일러스트 포스터 중에서도 인기가 많은 가족 일러스트 포스터. 쌍둥이 가족, 다섯 가족 등 가족의 다양한 장면을 담고 있다.

다이어리 스티커
작은 크기의 아기자기한 다이어리 스티커. 귀여운 디자인에 활용도가 높아 인기만점!

포인트 스티커

물건에 포인트를 줄 수 있는 포인트 스티커. 휴대폰 케이스, 텀블러, 노트북과 같은 물건에 붙여 나만의 디자인으로 꾸미는 재미가 있다.

국보 뱃지

반가사유상, 금동대향로, 첨성대 등 우리나라의 주요한 국보들을 제로퍼제로만의 일러스트로 재해석한 뱃지. 망원점에는 국보 배지와 책, 포스터가 있고, 경주점에 가면 키링, 엽서 등 더 다양한 제품을 만나볼 수 있다.

프레스카드

귀엽고 심플한 일러스트에 엄마, 아빠, 언니, 형, 아들, 딸 등 다양한 상대방을 위한 맞춤 디자인이 있어 마음을 전하기에 딱 좋은 프레스카드.

제로퍼제로는 언어, 문화, 나이, 시간 등에 상관없이 누구나 보편적으로 공감할 수 있는 그래픽 디자인을 추구한다. 세계 지하철 노선도를 재해석하는 작업으로 시작해 사소한 일상의 장면을 담은 디자인 문구, 우리나라 전통을 현대적인 일러스트로 표현한 굿즈 등으로 작업을 확장해가는 제로퍼제로. 제로퍼제로의 가치가 모인 제로스페이스에 방문한다면 새로운 영감과 일상의 활력을 얻을 수 있을 것이다.

제로스페이스

망원점
주소 서울 마포구 희우정로16길 32
    1층
영업 시간 매일 12:00~19:30

북촌점
주소 서울 종로구 북촌로5길 5-5
    1층 101호
영업 시간 매일 11:00~19:00

경주점
주소 경북 경주시 손효자길 17-2
영업 시간 매일 11:00~19:00

인스타그램 @zeroperzero
    @zerospace.bukchon

키오스크키오스크

다양한 패턴과 밝은 색감이 눈을 사로잡는 키오스크키오스크 KioskKiosk는 시각적 즐거움을 담은 물건을 소개하는 스튜디오이자 편집 상점이다. 건물의 2층, 가장 안쪽에 위치한 빨간 문을 열면 다양한 소품과 문구들이 빼곡한 키오스크키오스크의 세상이 등장한다. 마치 이곳 어딘가 나만의 보물이 하나는 꼭 존재할 것 같은 기분이 드는 공간이다.

키오스크키오스크는 'Kiosk in Kiosk'의 줄임말이다. 길거리의 작은 가게를 뜻하는 '키오스크'가 브랜드 이름이 된 데는 상점에 다채로운 키워드의 작업물들이 모여들길 바라는 마음이 담겼다.

노트류를 책과 함께 책장에 가지런히 꽂아 놓은 디스플레이가 인상적이다.

 매장 안쪽으로 깊이 들어가면 문구류가 모인 공간이 등장한다. 다양한 연필을 모아서 소개하는 '연필 키오스크'라는 프로젝트로 시작된 만큼 키오스크키오스크에게 문구는 각별하다. 기록 생활자, 창작자들의 신나는 도구이자 놀잇감인 문구를 마음껏 즐겨보자!

알파벳 ABC 노트

알파벳을 배우던 어린 시절이 떠오르는 화사한 색감의 노트.
서체 디자인 스튜디오 오렌지 슬라이스 타입Orange Slice Type에서
디자인한 키오스크키오스크의 고유 서체를 담아 제작했다.

A 박스 시리즈

목공방 어플라이APLY와 함께 제작한 자작나무 수납 박스. 자잘한 문구나 서류를 담아 정리할 수 있다. 윗면과 양 옆면의 색이 달라 방향에 따라 분위기가 달라지는 것이 포인트!

툴 박스 시리즈

스티커, 메모지, 클립 등 작은 문구들을 정리하고 휴대할 수 있는 틴케이스. 상단에 키오스크키오스크만의 패턴을 인쇄해 특별함을 더했다.

플립 파우치

앞뒤 배색이 다른 양면 패브릭으로 제작한 파우치. 2가지 사이즈가 있으며, 다양한 색 조합 중 원하는 조합을 고르는 재미가 있다.

늘 새로운 감각을 모색하는 키오스크키오스크. 문구류뿐 아니라 의미 있는 작업을 하는 젊은 작가들의 작업물을 소개하기도 한다. 밝은 매장 분위기, 다양한 색감의 문구와 작품들은 창작과 거리가 먼 사람들도 무언가를 쓰고, 그리고, 상상하고만 싶게 만든다. 기분전환이 되는 공간, 키오스크키오스크에서 내게 맞는 물건을 발견하고 나만의 창작에 도전해보는 것도 좋을 것이다.

키오스크키오스크
주소 서울 성동구 왕십리로 왕십리로 80-1 2층 201호
영업 시간 화~금 13:00~19:00, 주말 12:00~19:00 (매주 월요일 휴무)
인스타그램 @kioskkioskshop

파페테리큐

파페테리큐paperterie_q는 문구 브랜드 트위디트위디tweedytweedy와 목소품 브랜드 그리디우디멍키greedywoodymonkey가 함께 운영하는 작업 공간이자 문구점이다. 월요일부터 목요일까지는 작업 공간으로, 금요일부터 일요일까지는 상점으로 활용되다 보니 실제 작업 공간을 엿볼 수 있는 매력이 있는 곳. 순간을 포착하여 다양한 패턴과 그래픽으로 표현하는 트위디트위디와 작고 특별한 나무 소품을 만드는 그리디우디멍키의 감각을 느낄 수 있다.

단순히 이미지를 넘어, 보는 사람의 마음에 잔잔한 울림을 주는 작업을 지향하는 파페테리큐의 내부는 철제와 짙은 회색의 가구들로 꾸며져 있다. 자칫 어둡다고 느낄 수 있지만, 짙은 가구들 사이에 비치된 감도 높은 문구 소품들을 보다 보면 오히려 차분히 문구에 집중하게 된다.

UNITED WE COOL (강아지 마스킹 테이프)

강아지들이 꼬리에 꼬리를 물고 이어지는 형태의 마스킹테이프. 트위디트위디 특유의 빈티지하면서도 귀여운 느낌의 일러스트가 매력적이다.

LESS LOVE LAPS – DINOSAUR? (공룡 장난감 스티커)

어릴 적 좋아했던 공룡 장난감에 대한 추억이 떠오르는 스티커. 다이어리, 휴대폰, 노트북 등에 붙여 꾸미기 좋다.

TILL TOMORROW THEN – BIRTHDAY (생일 축하 엽서)

따뜻한 색감으로 즐거운 생일 파티 장면을 담은 빈티지 스타일의 생일 축하 엽서.

미니 캘린더 스탠드

간결하고 단순한 형태로 나뭇결을 살려낸 달력 오브제. 필기구를 꽂아 사용할 수도 있고, 책장 한 켠에 작은 식물과 함께해도 좋다.

버섯 마그넷

일상에 소소한 즐거움을 더하는 버섯 마그넷. 너도밤나무와 호두나무를 결합하여 자연의 따뜻함을 느낄 수 있다.

'파페테리큐'라는 이름은 프랑스어로 '문방구'를 뜻하는 '파페테리papeterie'에서 시작했다. 여기에 붙은 'q'는 '탐구quest' '별나거나 독특한quirky'처럼 새로운 시도와 독특한 취향을 뜻한다. 서로 닮은 듯 다른 'p'와 'q'처럼, 판매 공간과 작업실이 조화를 이루기를 바라는 파페테리큐의 마음이 담긴 이름이다. 작은 문구, 소품들마다 이야기가 가득한 파페테리큐. 이곳에서 나만의 이야기를 찾아가보자.

파페테리큐
주소 서울 마포구 연남로 61-1 2층
영업 시간 금,토 13:00~19:00, 일 13:00~18:00 (매주 월~목 휴무)
인스타그램 @papeterie_q

포인트오브뷰

포인트오브뷰Point of View는 창작의 장면에 존재하는 모든 도구를 소개하는 문구 브랜드이자 도구 편집샵이다. '어떤 것에 대한 의견, 또는 특정한 사고방식'을 뜻하는 이름은 자신만의 시각을 만들어 가려는 창작자를 위해 다양한 관점을 제안한다는 의미가 담겼다. 포인트오브뷰의 공간은 계절의 풍경과 고객들의 걸음, 시선, 손짓들이 어우러져 만들어진다. 누군가의 마음을 움직이는 문구부터 영감을 주는 오브제까지, 일상의 창작자들을 위한 다양한 장면과 도구가 가득한 곳이다.

성수동에 위치한 포인트오브뷰 서울은 창작의 단계를 본떠 층별 테마를 구성했다. 1층(TOOL for every point of view)은 세상을 관찰하며 발견한 관점이 모이는 곳이다. 연필, 펜, 지우개, 노트 등 누구나 쉽게 접근할 수 있는 대중적인 문구류와 오브제를 다룬다.

2층(SCENE from another point of view)은 기존과는 다른 관점에서 바라보며 사고를 전환할 수 있는 곳으로, 1층과 다르게 차분한 조명과 어두운 가구들로 꾸며진 공간이 특징이다. 작가들의 감각이 녹아든 제품과 깊이 있는 문구를 만날 수 있다.

3층(ARCHIVE by own point of view)은 창작의 과정을 거치며 완성된 나만의 세계를 마주할 수 있는 곳이다. 만년필, 프리미엄 노트 등 전문가용 문구와 개인의 취향과 선호를 채울 수 있는 도구들을 소개한다.

층마다 전환되는 공간의 분위기와 제품을 느끼며, 한 층 한 층 이동할 때마다 선명해지는 관점의 변화를 경험할 수 있는 것이 포인트오브뷰의 특징이다.

매장 곳곳에서 포인트오브뷰의 상징, 사과를 찾아볼 수 있다.

애플 저널
견고한 만듦새로 많은 사랑을 받고 있는 포인트오브뷰 오리지널 노트인 애플 저널. 부드러운 질감의 커버와 측면의 빛나는 금/은박이 정성스럽게 기록하는 이들과 잘 어울린다.

프레스프레스 스탬프 컬렉션
포인트오브뷰의 스탬프 브랜드 프레스프레스의 제품. 일기나 편지의 여백에 빈티지한 일러스트를 더할 수 있다.

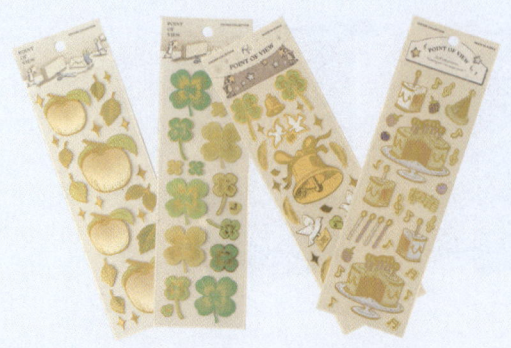

포인트오브뷰 스티커 컬렉션

반짝이는 디테일과 일러스트가 돋보이는 포인트오브뷰의 스티커 컬렉션. 행복이란 그렇게 대단한 것에서 오는 것이 아님을 일깨워주는 작고 귀여운 스티커들이다.

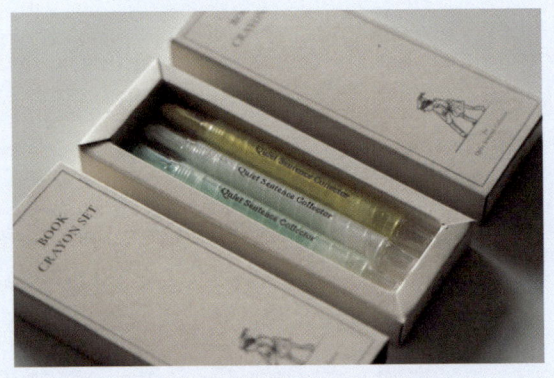

책연필

책을 읽을 때 밑줄을 긋는 투명한 색연필이 있으면 좋겠다는 문구인 김규림(@kyurimkim)의 아이디어에 포인트오브뷰만의 감각을 더해 만든 책연필. 노란색, 초록색, 투명색으로 구성되어 있다.

가죽 노트 커버와 펜 케이스

최상급 가죽만을 엄선해 만든 가죽 제품 컬렉션. 시간의 흐름에 따라 나타나는 가죽의 변화는 삶과 기록의 깊이가 깊어지는 과정을 눈으로 보여준다.

　포인트오브뷰는 도구가 바뀌면 지식과 이야기의 결과물이 달라진다고 믿는다. 좋은 도구는 글을 쓰고 싶은 마음을 불러일으키고, 일상의 장면을 그림으로 그리고 싶게 하며, 누군가에게 편지를 전하고 싶게 만든다. 좋은 도구와 함께 세상을 관찰하고, 이야기를 수집해 자신만의 관점으로 풀어내고 싶은 사람이라면 다양한 도구와 관점을 제안하는 포인트오브뷰에서 새로운 창작의 도구를 탐색해보자.

포인트오브뷰

포인트오브뷰 서울
주소 서울 성동구 연무장길 18 1-3층
영업 시간 매일 12:00~20:00
　　　　　(매월 마지막 주 월요일 휴무)

더현대서울점
주소 서울 영등포구 여의대로 108
　　　더현대서울 B2층
영업 시간 월-목 10:30~20:00
　　　　　금-일 10:30~20:30

인스타그램 @pointofview.seoul

풀풀

성북동 골목에서 두 자매가 함께 자연에서 받은 영감으로 문구와 음악을 만드는 곳, 풀풀. 화분들이 반기는 입구를 지나 문을 열고 들어서면 풀풀의 감성으로 채워진 공간이 나타난다. 문구점이지만 꼭 편안한 산속 오두막 같은 느낌의 공간. 이곳에 방문하는 것만으로 마음이 편안해지는 기분을 경험할 수 있을 것이다.

나무로 만든 가구와 벽은 매장 내부에 따스한 기운을 더하며 풀풀의 문구들과 자연스럽게 어우러진다.

실제 작업실로도 쓰이는 공간인 만큼 사용하는 실과 물감 재료들, 재봉틀이 선반과 책상 위에 자연스럽게 놓여있다. 이곳에서 새로운 그림과 음악이 만들어지는 순간을 상상할 수 있다.

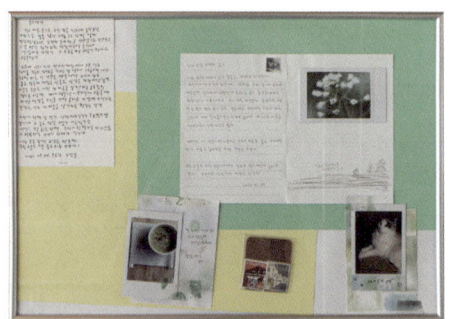

매장에 전시된
메모 액자.

사랑의 물결 다이어리 커버

많은 사랑을 받은 풀풀의 핸드메이드 다이어리 커버. 패브릭 천의 질감과 흐릿한 듯 부드럽게 그려진 풀풀의 그림이 마음을 편안하게 만든다.

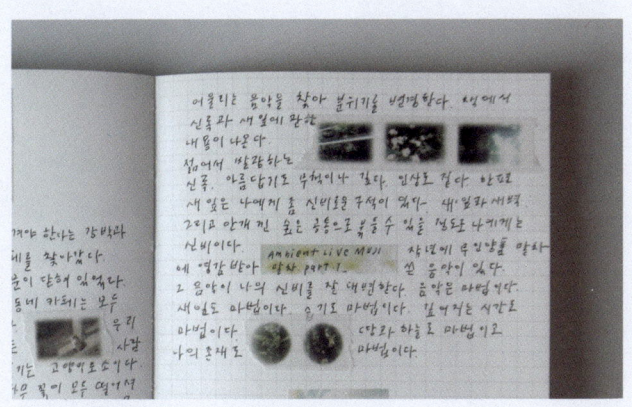

산속 마스킹테이프

등산하며 모은 장면을 담은 마스킹테이프. 실제 사진을 마스킹테이프로 구현한 것이 독특하면서 자연스럽다.

원화 메모지 시리즈

원화 그림을 메모지로 제작한 제품. 원화 그림의 입체적인 질감이 느껴지도록 신경 써 만들었다.

잎사귀와 나비의 음향

산책하며 수집한 산과 들, 계곡의 풍경을 음악으로 표현한 앰비언트 뮤직 ambient music 음반. 풀풀을 운영하며 음악가로도 활동하는 풀풀의 언니, 수진의 작품이다. 마음이 편안해지는 소리와 함께 하루를 마무리하기 좋다.

자투리 연필집과 자투리 책갈피

남는 자투리 천으로 만든 연필집과 책갈피.

풀풀을 초창기부터 지켜본 손님은 풀풀의 제품을 가지고 있으면 공원, 산, 들 등 자연과 가까이 있는 듯한 느낌을 받는다고 말한다. 마음을 편안하게 하고, 하루를 소중히 보낼 수 있도록 조용히 곁을 지키는 것을 만들고자 한다는 풀풀. 풀풀의 공간 역시 따스함과 편안함으로 가득하다. 한 켠에는 판매하는 음반을 들어볼 수 있도록 헤드셋도 구비되어 있으니, 자연의 소리를 표현한 음악과 함께 잠시 쉼을 가져도 좋을 것이다.

풀풀
주소 서울 성북구 종암로19길 64 1층 103호
영업 시간 현재는 작업실로만 운영하며, 간헐적으로 마켓, 클래스가 열린다. (인스타그램 참고)
인스타그램 @pulpul.official

풀풀

문구점(문구 브랜드)의 로고나 이름에 어떤 의미가 있나요?

풀풀은 감탄사를 두 번 말하는 제 습관에서 비롯된 이름입니다. "좋다 좋다", "예쁜데, 예쁜데?" 같이 긍정적 감탄사는 강조해서 말하는 습관이 있어요. 아주 자연스럽게 "풀! 풀!"로 이름을 만들었습니다.

이 공간은 풀풀의 첫 작업실입니다. 아직 정식적인 오프라인 매장을 차렸다고 정의할 수는 없을 것 같아요. 비정기적으로 열리는 클래스나 마켓에 참여하시는 분들을 위해 청소하고 정리하는 정도의 일을 하고 있거든요. 실제로 물건을 만드는 장소를 보여드리고 싶었던 마음이 컸습니다. 아주 작은 동네의 조용한 정경도요.

매장 외부나 내부의 공간 인테리어에 신경을 쓰신 부분이 있나요?

실제 핸드메이드를 제작하는 미싱 기계와 실들이 자연스럽게 놓여있어요. 그림 물감들도 적재되어 있고요. 한곳에 모이기 힘든 장비나 재료들이 모여있는 공간. 그것이 풀풀의 분위기로 느껴지는 것을 의도하긴 했습니다. 구석구석에 제품과 함께 섞여있어서 눈치채기는 어려우시겠지만 풀풀의 분위기를 분명 느끼고 계실 거에요.

문구 제품을 제작할 때, 어떤 기준을 두고 만드시는지 궁금합니다.

직감적으로 좋아하는 그림을 그리거나, 사진을 찍습니다. 즐거운 행위가 늘 첫 번째입니다. 그것들을 차곡차곡 정리하고, 만들고 싶은 제품에 그림과 사진 등을 융합하는 방식으로 제작합니다.

만들고 싶은 제품을 생각할 때는 내게 무엇이 필요한지, 고객에게 무엇이 필요한지보다 '우리'라는 생각을 많이 해요. 초창기에는 '나'에서 발전된 품목이 많았는데, 규모가 커지면서 '우리'에 대한 개념으로 확장되는 것 같아요. 나와 당신 모두가 원하는 것은 무엇일까를 항상 염두에 둡니다. 하나의 물건을 만들고 소개하는 일은 풀풀에게 소통의 방식이거든요.

기록의 시작
나만의 이야기를 쓰고 싶은 사람들을 위한 공간

더타임 남산

띵크썸띵

머쉬룸페이퍼팜

베스트펜

비스켓 스튜디오

사사로운

종이상점 W.I.Y.P?

클래식문구사

페이퍼보이 스튜디오

흑심

ODOM

더타임 남산

더타임 남산THE T.IM.E은 우리나라에서 많은 사랑을 받는 문구 브랜드 미도리와 트래블러스 컴퍼니Treveler's Company 등 다양한 브랜드를 운영하는 일본 문구사 디자인필Designphil Inc의 한국 총판이 직접 운영하는 매장이다. 국내에 수입된 미도리, 트래블러스 컴퍼니 상품을 전부 만나볼 수 있는 곳. 문구들의 디테일한 부분을 직접 보고, 설명도 듣고, 체험도 할 수 있는 공간이다.

 '더타임'은 '시간 여행'을 뜻하는 'Travel In tiME'의 약어로, 늘 흘러가는 시간 속에서 좋아하는 문구와 함께 일상을 여행한다는 의미가 담겨있다. 특히 대표 상품인 트래블러스노트는 여행자의 노트이자 오랫동안 사용할수록 시간의 흔적이 남는 매력이 있기에 더 그 의미가 와닿는다. 매장에 기념 스탬프가 비치되어 있어, 트래블러스노트를 사용하는 해외 여행객들도 한국 방문 시 들러 각자의 노트에 서울에서의 추억을 남기곤 한다.

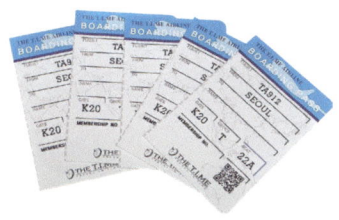

 '시간 여행'을 주제로 하는 만큼 매장 내부에는 다양한 여행 굿즈, 여행지에서 구입한 기념품들이 가득하다. 특히 보딩패스와 꼭 닮은 모양의 적립 카드는 지갑 속에 넣고 다니는 것만으로도 마치 여행을 하는 듯한 기분을 느낄 수 있다.

트래블러스노트
세월이 흐르며 생기는 스크래치와 손때로 더해지는 깊이가 매력적인 가죽 노트. 리필용 노트가 50여 종이 있어 나에게 맞는 속지를 골라 끼워 나만의 노트를 만들 수 있다.

MD 노트
미도리의 자체 기술로 개발한 MD 페이퍼로 제작한 노트. 좋은 필기감과 심플한 디자인을 가진, 오직 '쓰기'를 즐기기 위한 노트다.

연용일기(3년/5년/10년)
현재와 과거의 나를 만나볼 수 있는 일기장. 3년, 5년, 10년짜리 일기장이 있으며, 양장 커버로 오랫동안 보관할 수 있다. 육아 일기 등 시간의 변화를 기록하는 용도로도 쓰기 좋다.

미도리 레터프레스 편지지 세트

직접 종이에 압력을 가해 찍어내는 레터프레스(활판 인쇄) 기법으로 제작한 편지지 세트. 하나하나 조금씩 다르게 느껴지는 특유의 소박하면서도 포근한 느낌이 매력이다.

미도리 페인터블 스탬프 시리즈

찍어낸 이미지 위에 색을 칠해도 번지지 않아 취향대로 색을 입힐 수 있는 유성 스탬프. 귀여우면서 실용적인 디자인이 손쉽게 재현되어 다이어리 꾸미기 등에 활용하기 좋다.

해마다 수백 가지의 제품이 출시되는 만큼 모든 신제품을 가져올 순 없지만, 고르고 골라 한국의 문구인들이 예쁘게 봐줄 문구를 국내에 소개하는 더타임 남산. 이곳에서 소개하는 문구들과 함께라면 10년, 20년이 지나도록 오래오래 기록을 할 수 있을 것 같은 기분이 든다. 여행하듯 일상을 기록하는 힘이 필요하다면, 더타임 남산으로 여행을 떠나보아도 좋을 것이다.

더타임 남산
주소 서울 중구 소공로 46 남산쌍용플래티넘아파트상가 1층 103호
영업 시간 평일 11:00~19:00, 토요일 11:00~18:00 (브레이크 타임 13:00~14:00)
(매주 일요일, 매월 두 번째, 네 번째 토요일, 공휴일 휴무)
인스타그램 @the_t.i.me_ns

띵크썸띵

대구의 조용한 주택가에 위치한 띵크썸띵은 디자인 스튜디오를 운영하는 부부가 만든 문구점이다. 자신의 취향과 기록 스타일에 맞게 표지부터 내지, 스프링까지 모두 직접 고를 수 있는 커스텀 노트가 시그니처인 이곳은 글쓰기, 낙서, 귀퉁이에 끄적이기 등 모든 종류의 기록을 사랑하는 사람들의 천국 같은 곳이다. 즉석에서 바로 만들어지는 나만의 노트를 갖고 싶다면 띵크썸띵에 방문해보자.

높은 층고가 시원시원한 매장 한쪽 벽에는 커스텀을 위한 노트 내지들이 가득하다. 한눈에 사이즈, 표지, 내지 디자인을 볼 수 있어 나만의 노트를 만드는 즐거운 고민을 돕는다. 필기구와 스티커들이 자리한 매장 중앙도 볼거리가 가득하다.

원하는 노트 표지와 내지를 골라 창가 쪽의 커스텀 노트 제작 공간으로 가면 제본기와 금박기, 재단기, 레터프레스 기기 등 쉽게 보지 못하는 기계들도 곁눈질로 살펴볼 수 있으니 놓치지 말자!

핑크루프 다이어리
나선형 코일 제본
방식을 모티브로 한
표지 디자인과 그에
맞게 분홍색 코일로
제본된 다이어리.
띵크썸띵의 시작을 함께한 대표 제품이다.

롤 스티커
글씨를 쓸 수 있는 롤
스티커. 귀엽고 다양한
디자인의 스티커 롤이
박스 안에 담겨있어
필요할 때마다 조금씩
당겨 사용하기 편하다.

스리치 노트
버섯, 양파, 올리브,
애플망고, 미나리, 파까지
다양한 식재료를 소재로
만든 실제본 노트. 내지도
각각의 야채와 어울리는
색지로 만들어 화사함을
더했다.

낱낱 스케줄러

'여럿 가운데 하나하나'라는 뜻인 '낱낱'을 토마토 줄기로 표현한 스케줄러. 일상의 소중한 순간 하나하나를 계획하고 기록할 수 있다.

미니 스프링 노트

그리드 내지와 무지 내지, 2가지가 있는 일러스트 노트. 손에 쏙 들어가는 작은 사이즈로 독서 노트로 활용하거나 들고 다니며 메모하기에 좋다.

띵크썸띵은 '거창한 디자인보다 사용하는 사람이 편하게 쓸 수 있도록 하는 것이 디자인의 가장 큰 힘'이라는 생각 아래 일상에서 기록을 생활화할 수 있는 편안한 노트를 만든다. 특히 즉석에서 수작업으로 제작되는 커스텀 노트는 만들어지는 과정을 눈앞에서 볼 수 있어 더 귀하게 느껴진다. 노트류 외에 쉽게 보기 힘든 스티커나 필기구들도 함께 소개하고 있으니, 문구를 사랑하는 사람이라면 방문해 보아도 좋을 것이다.

띵크썸띵
주소 대구 남구 현충로6길 59
영업 시간 목~일 13:00~19:00 (매주 월~수 휴무)
인스타그램 @thinksomething.kr

머쉬룸페이퍼팜

DIY 노트 브랜드 머쉬룸페이퍼팜만의 디스크바인더 버섯 노트를 만들 수 있는 홍대의 문구점. '100명의 사람이 있다면 100가지의 기록 방법이 있다'는 믿음 아래, 머쉬룸페이퍼팜은 수많은 노트 속지를 제안하고 사용자가 직접 속지를 선택해 노트를 구성할 수 있도록 한다. 다양한 기록을 장려하고 이를 통해 나만의 생각과 속도로 살아가는 다양한 삶의 가능성을 이야기하는 브랜드. 이곳에 방문해 나만의 노트를 만들고 인생 농사를 위한 씨앗을 뿌려보자.

들어가자마자 유리창 너머의 시원한 전경과 함께 왼쪽 벽면을 꽉 채운 속지들이 보인다. 수많은 속지를 구경하며 나에게 꼭 맞는 속지를 찾다 보면 어느새 시간이 훌쩍!

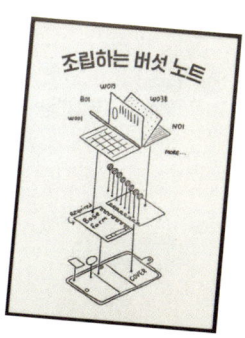

버섯 노트 조립하는 방법. 흔히 알려진
6공 다이어리, 3공 다이어리와 다르게
디스크 바인더는 링에 구멍이
뚫려있지 않다.

머쉬룸페이퍼팜의 대표 캐릭터 양송이. 디스크바인더용 속지의 타공 모양이 버섯처럼 생겼다고 하여 탄생했다. 어디서든 쑥쑥 자라는 버섯처럼 생각과 마음이 쑥쑥 자라기를 바라는 마음도 함께 담았다.

160

① 베이스팜

　버섯 노트의 뼈대 역할을 하는 '베이스 팜'. 머쉬룸 페이퍼 팜을 방문한 농부들은 이 베이스 팜 위에 자신이 원하는 속지를 골라 담고, 필요한 섹션을 추가하면서 자신만의 노트를 조립해 나간다. 100장이 부족하다면 160장까지 수록 가능한 '아카이브팩'도 있다.

② 비닐 노트 커버

　다채로운 비닐을 모아 만든 머쉬룸 페이퍼 팜만의 업사이클링 노트 커버. 업사이클링 작가 희(@H22)와 협업한 제품으로, 일상의 비닐들을 수집해 수작업으로 완성했다. 선명한 원색 컬러와 독특한 질감이 매력적이다. '북촌O만두' 봉지 등 랜덤한 디자인과 패턴의 제품은 오프라인 매장에서만 만나볼 수 있다.

③ 비닐 인덱스 세트

　베이스팜에 끼워 사용할 수 있는 비닐 인덱스. 가볍고 튼튼해 오래 사용할 수 있고, 크기가 다른 3가지 인덱스가 한 세트로 구성되어 있어 다양한 방식으로 노트를 정리할 수 있다. 비닐 노트 커버와 마찬가지로 개성 있는 비닐로 만든 제품은 오프라인 매장에서만 소개하고 있다.

④ 라이프 파머 속지

　머쉬룸페이퍼팜과 다양한 기록 생활자가 함께 만든 속지들. 누군가의 기록 방식을 함께 공유하고, 나만의 스타일로 새롭게 수정해가며 만드는 기록 도구라는 점이 매력적이다.

 머쉬룸페이퍼팜의 노트는 구입 후 바로 사용할 수 있는 것이 아니라 반드시 조립하는 과정까지 거쳐야 비로소 완성된다. 4층에는 구입한 제품을 조립하고, 내가 왜 이렇게 구성했는지, 어떤 기록을 담고 싶은지 이야기할 수 있는 공간이 마련되어 있다. 따스한 공간에서 직접 노트를 조립하고 나면 왠지 모르게 나와의 여정을 시작한 노트에 애정이 생긴다.

한 켠에는 즉석 사진과 함께 '농부 증명서'를 만들 수 있는 공간도 있다. 다이어리를 사던 날의 사진이 담긴 '농부 증명서'를 버섯 노트 맨 앞에 끼워두면 볼 때마다 그날의 추억과 다짐이 떠오르며 다시 한번 기록을 이어갈 힘이 난다. 일상과 경험을 차곡차곡 쌓으며 삶을 정리하고 나를 알아가고 싶다면, 머쉬룸페이퍼팜과 함께 인생 농부가 되어보는 것도 좋을 것이다.

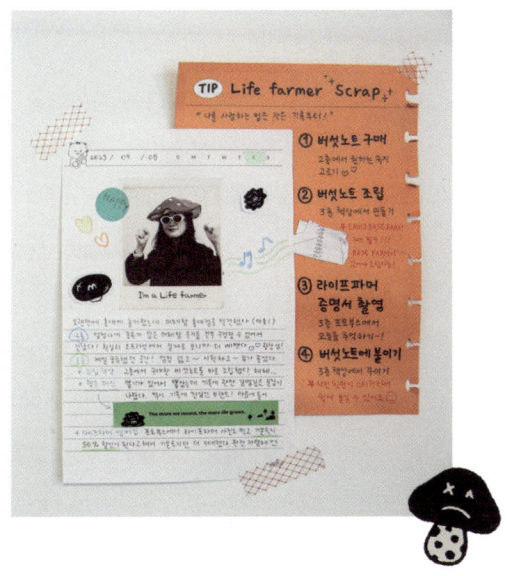

머쉬룸페이퍼팜
주소 서울 마포구 와우산로21길 6 3-4층
영업 시간 평일 12:00~19:30, 주말 12:00~20:00
인스타그램 @mushroom_paper_farm

머쉬룸페이퍼팜

문구점(문구 브랜드)의 로고나 이름에 어떤 의미가 있나요?

유럽이나 미국에서는 학교나 회사에서 디스크바인더 노트를 흔하게 사용해요. 그런데 우리나라의 경우 6공 다이어리는 흔히 쓰지만, 디스크바인더는 거의 쓰는 사람이 없었어요. 존재 자체를 모르는 분이 많았고요. '이렇게 낯선 형식의 노트를 어떻게 소개하면 좋을까?' 고민이 있었는데, 속지의 타공 모양이 버섯처럼 생겼더라고요. 이 포인트를 사람들에게 알리면 '버섯'을 보거나 '디스크 바인딩 노트'를 볼 때마다 우리를 떠올리기 쉬울 것 같아 '버섯'이라는 키워드를 정했어요. 농장이라는 의미의 '팜'이 뒤에 붙은 것은 무언가를 일구어나가는 이미지가 기록과 잘 맞는다고 생각했기 때문입니다. 단순히 머쉬룸 팜으로 하기엔 진짜 버섯 농장으로 오해할 수 있으니, 우리 기록물의 토대가 되는 단어 '페이퍼'도 중간에 넣었고요.

저희를 통해 디스크바인더 노트를 알게 된 분들이 많아서 그런지 감사하게도 디스크바인더 노트 자체를 버섯 노트라고 불러주시곤 해요. 마치 대일밴드처럼 고유명사가 되는 것 같아 발견할 때마다 뿌듯합니다.

매장 외부나 내부의 공간 인테리어에 신경을 쓰신 부분이 있나요?

가장 신경 쓴 부분은 이곳에 다녀가신 분들이 '이렇게나 속지가 다양하다고? 이렇게나 다양한 기록법이 있다고?'라는 압도적인 느낌을 갖게 하는 거였어요. 그래서 한쪽 벽면 전체를 속지로 채웠습니다. 또 실제로 사용한 흔적이 남은 기록물을 최대한 많이 전시해 두었어요.

그리고 어디든 버섯이 보일 수 있도록 매장 곳곳에 버섯을 정말 많이 넣었어요. 우리 브랜드에서 중요한 것이 버섯 모양이고, 디스크바인더 노트를 보면 우리 브랜드가 바로 생각날 수 있게끔 기획했기 때문에 어떻게든 버섯을 고객들한테 각인시켜야 한다고 생각해 버섯을 이곳저곳에 많이 넣었습니다.

4층 공간에는 서로 기록에 대해 논의하는 공간을 만들고 싶었습니다. 2022년 11월에 성수동에서 팝업스토어를 진행했는데, 그때 친구와 함께 버섯 노트를 구매한 고객님이 "빨리 조립하고 싶다! 밥 먹으러 가기로 했는데 그 전에 조립부터 같이 하고 싶어!"라고 말하시는 걸 들었어요. 여기서 '노트를 내 손으로 조립하는 경험뿐만 아니라 내가 왜 이렇게 구성했고 어떤 기록을 쓰고 싶은지 이야기를 나누고 싶은 마음까지가 경험이라는 것'을 느꼈습니다. 버섯 노트의 특성상 완제품을 구매하는 것이 아니라 나의 선택으로 내가 원하는 구성을 직접 조립하여 만들어야 하기 때문에 이를 실현할 수 있는 조립 공간을 꼭 만들고 싶었어요.

    실제로 대다수가 3층에서 구매하신 후 성실하게 4층 조립 책상에 앉아 조립을 완성하세요. 둥그런 책상에 옹기종기 모여 앉아 버섯 노트를 조립하는 모습을 볼 때면 마음 한 켠이 따스해집니다. 노트라는 단순한 물건을 넘어, 기록이 주는 힘을 통해 저희 제품을 사용하는 모든 분이 자신에게 집중하고, 스스로에 대한 새로운 발견을 이어갈 수 있도록 돕고 싶어요.

베스트펜

베스트펜은 세상의 온갖 필기구로 가득한 유통 브랜드이자 필기구 전문 문구점이다. 만년필을 사랑하는 사람들에게 다양한 펜과 잉크를 마음껏 시필해 볼 수 있는 공간으로 사랑받는 곳이기도 하다. 나에게 맞는 펜과 잉크를 찾기 위해 고민하며 하나하나 사용해보는 시간이 스스로에게 집중할 수 있는 소중한 순간이 되기를 바란다는 베스트펜. 만년필을 비롯한 필기구에 관심이 생겼다면, 이곳이 각자의 취향을 찾아가는 시작점이 되어줄 것이다.

베스트펜에 들어가자마자 왼쪽을 보면 보통의 문구점과 다르게 옷과 가방을 보관할 수 있는 사물함이 마련되어 있다. 펜을 고르고 시필하는 일이 생각보다 오랜 시간이 걸리고, 깊이 몰입하게 되기 때문에 편안하게 집중할 수 있도록 한 작은 배려다.

시필을 할 수 있는 공간인 만큼 테이블의 높이는 서서 시필을 할 때 손과 팔이 가장 안정적인 위치에 놓일 수 있도록 했고, 조명의 밝기와 각도도 편안하게 조정했다.

커뮤니티 룸에서는 매월 만년필 입문자를 위한 입문자 클래스와 필사, 드로잉, 불렛 저널 등 다양한 기록 방식을 제안하는 클래스를 열고 있다.

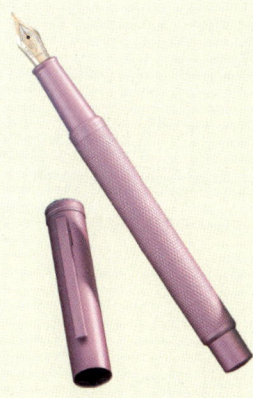

홍디안 1850&1851

만년필은 어렵고 비싸다는 인식을 없애주는 중국의 만년필. 부담 없는 가격이지만 훌륭한 필기감을 자랑한다. 만년필이 처음이라면, 홍디안 만년필로 부담 없이 만년필이라는 도구를 즐겨보자.

트위스비 만년필 에코&에코T

트위스비는 다채로운 컬러와 캐주얼한 디자인으로 많은 사랑을 받는 대만의 만년필 브랜드다. 특히 베스트펜에서는 만년필 본체에 이름과 이모티콘 각인이 가능해, 나만의 만년필을 소지할 수 있다.

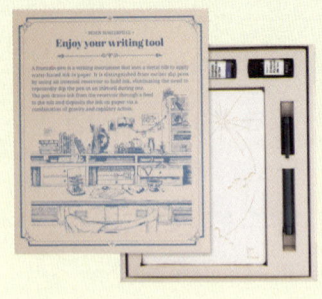

만년필을 위한 스타터 패키지
만년필 입문이 어렵게 느껴지는 분들을 위해 만든 패키지. 입문자용으로 추천하는 잉크와 노트로 구성되어 만년필만 고르면 완성되는 제품이다. 누군가에게 건네거나, 나에게 주는 선물로 딱 좋은 제품.

펜트하우스 펜파우치
펜을 누구보다 아끼는 마음을 담아 만든 펜을 위한 파우치. 소중한 펜들을 스크래치 없이 잘 보관할 수 있도록 안감을 부드럽게 처리했다. 3가지 사이즈가 있어 필기구에 맞게 고를 수 있다.

펜트하우스X우딕 디스플레이 오거나이저
펜과 잉크가 점점 늘어나 정리가 필요한 사람들을 위한 정리함. 실용성과 아름다움을 모두 잡아 책상 위의 인테리어 포인트로도 손색없다.

펜은 그저 기록하는 수단이 아니라, 일상에 온기를 더하고 스스로를 표현할 수 있는 가장 손쉬운 창작 도구다. 베스트펜은 단순히 상품을 판매하는 것에서 나아가 손으로 쓰고 그리는 행위의 즐거움을 전파하고자 한다. 만년필뿐 아니라 볼펜, 연필, 샤프, 잉크, 노트 등 다양한 제품을 소개하는 베스트펜. 이곳에서 시간이 걸리더라도 직접 나의 손으로 차곡차곡 쌓아가는 행위를 경험하고, 나의 감각과 마음에 집중하는 시간을 가져보자.

베스트펜
주소 서울 서초구 효령로 314 연운빌딩 2층
영업 시간 월, 수~일 12:00~20:00 (매주 화요일 휴무)
인스타그램 @bestpenkorea

비스켓 스튜디오

비스켓 스튜디오beesket studio는 여행과 기록을 사랑하는 부부가 운영하는 문구점이다. '작은 시간이 모여서 우리의 삶이 된다'는 모토 아래 흘러가는 일상 속에서 행복을 찾고, 다양한 사람들과 이야기를 나누고 싶어 공간을 마련했다는 부부의 말에는 나와 타인의 일상을 소중히 여기는 마음이 담겨있다. 나의 이야기를 풀어놓게 되고, 다른 이의 이야기에 귀 기울이게 되는 곳. 이야기를 털어놓을 곳이 필요하다면, 비스켓 스튜디오에 방문해 쌓여있는 많은 메모 위로 나의 이야기를 적어보아도 좋을 것이다.

여행하며 직접 찍은 사진을 중심으로 문구를 만드는 비스켓 스튜디오. 매장 곳곳에도 여행 사진이 가득하다.

매장 안쪽 작은 전시 공간에는 매번 다른 기획 전시가 열린다. 2025년 상반기에는 가족의 여름 제주 여행을 주제로 한 전시가 진행되었다. 작은 영수증까지 모두 모아둔 전시와 방문객들이 남긴 엽서들을 보다 보면 기록과 수집을 시작하고 싶은 마음이 절로 든다.

비스킷 스튜디오가 가진 또 하나의 특징은 곳곳에 방문객들의 메모가 빼곡하다는 것이다. 공간을 둘러보며 다른 이들의 기록을 보다 보면 나도 하나 남기고 싶은 마음이 든다. 비스킷 스튜디오에서 수많은 이야기가 피어나는 이유다.

시즌 노트&다이어리
직접 촬영한 여행 사진이
커버로 들어가 있는 노트.
다이어리, 모눈 노트, 무지
노트 등 다양한 옵션이
있다.

프레젠트 다이어리

양장제본으로 제작해 고서적처럼 고급스러우면서 빈티지한
느낌을 살린 다이어리. 오프라인 매장에서는 표지에 들어가는
사진을 직접 골라 조합할 수 있다.

엽서

다양한 나라를 여행하며 카메라에 담은 풍경을 엽서로 만들었다.
따뜻한 느낌의 엽서를 보면 여행을 떠난 듯한 기분!

트윙클 키링

햇빛에 비치면 반짝이는 모습이
아름다운 키링. 작은 사이즈로
들고 다니며 마음을 환기하기
좋다.

비스켓 스튜디오의 비스켓은 벌을 의미하는 'bee'와 바구니를 의미하는 'basket'을 합친 말이다. 벌이 바구니에 꿀을 모으는 장면을 상상하면서, 인생의 소중한 순간들을 자신만의 바구니에 담자는 의미가 담겨있다. 거창하지 않아도 쉽고 가벼운 마음으로 기록을 시작할 수 있다는 걸 알려주는 곳. 무엇을 써야 할지 모르겠는 사람이라면, 비스켓 스튜디오에 방문해 기록을 시작할 힘을 얻어보자.

비스켓 스튜디오
주소 서울 서대문구 증가로 16 201호
영업 시간 화~일 12:00~20:00 (매주 월요일 휴무)
인스타그램 @beesket_studio

비스켓 스튜디오

이 공간을 차리실 때 어떤 공간으로 만들고자 하셨는지, 무엇을 경험하기를 의도하셨는지 궁금합니다.

보통 기록을 하려고 해도 어떻게 해야 할지 모르는 분들이 많아요. 그런데 그냥 이곳에서 누군가가 끄적인 글들을 보면, 아무것도 아닌 글인데 '나도 이렇게 써봐야겠다'라는 마음이 드는 것 같아요. 저희도 소소하게 시작한 브랜드이기 때문에, 누구나 할 수 있다는 느낌을 주고 싶습니다.

처음부터 이렇게 많은 메모들을 붙이려고 의도했던 건 아니에요. 처음에는 우리 이야기를 다른 분들한테 전해주고 싶다는 마음으로 시작했는데, 오프라인 공간을 이어오면서 점점 방문해주신 분들과 이야기를 나누게 되었어요. 편하게 다가가다 보니 손님들도 편하게 생각해 주시기도 하고요. 연애 상담도 하고, 연인 분들이 오시면 멀뚱히 서 계시는 남자 분께 종이 한 장 드리면서 '심심하면 편지라도 써보세요' 말씀드려 보기도 합니다.

그러다 보니 메모가 점점 늘었어요. 오히려 저희 전시 공간보다 다른 분들이 남긴 메모를 더 오래 보시기도 해요. 그러다가 어느새 보면 앉아서 글을 남기고 계시죠. 저희와 소통을 할 뿐 아니라 방문해주신 분들끼리도 메모로 소통하는 공간이 된 것 같습니다.

매장 외부나 내부의 공간 인테리어에 신경을 쓰신 부분이 있나요?

저희가 제작한 제품들은 종류가 다양한 편인데요. 엽서나 카드, 키링 등 제품 종류가 많아 그에 맞는 집기를 직접 제작했습니다. 도면을 그리고, 재단된 나무를 주문해 스테인 칠까지 마쳐 매장과 어울리는 집기를 만들었어요.

매장 안쪽은 '여행 집'이라고 이름 지은 작은 전시 공간이에요. 주로 저희가 여행 다녀온 사진과 여행하면서 썼던 기록, 이야기를 담아서 나누는 공간입니다. 저희는 단순히 사진으로 된 제품을 판매하는 공간이 아니라, 저희가 사는 이야기를 다른 분들한테 전달하는 공간을 만들고 싶어요. 전시 공간을 이렇게 준비한 이유도 크게 특별하지 않은, 저희 사는 이야기를 전하면서 편안하게 다가가고 싶은 마음이 컸습니다. 지금 진행 중인 전시 같은 경우는 가족에 대한 이야기예요. 전시를 보시고 가족을 떠올리고, 부모님한테 전화 한 통 하게 된다면 저희 이야기가 충분히 전달이 되었다고 생각합니다. 마음을 전하는 것, 내 이야기를 남기는 것을 너무 어렵게 생각하지 않고 가볍게 시작해 볼 수 있는 공간이 되기를 바라요.

사사로운

'사적인 공간을 위한 사려 깊은 물건을 소개합니다'라는 슬로건으로 일상에 의미를 더하는 물건을 소개하는 대구의 문구소품 샵, 사사로운. 아날로그 감성이 가득 느껴지는 사사로운은 빠르게 흘러가는 세상에 치인 사람들의 도피처 같은 공간이다. 이곳에서만큼은 천천히, 시간을 들여가며 편안하게 사유하고 머물 수 있기를 바란다는 사사로운에서 깊이 있는 시간을 가져보자.

짙은 색의 목재로 꾸며진 공간에 들어서면 마음이 한결 차분해진다. 빈티지 목재 가구와 70년이 넘은 목조 건물의 서까래가 그대로 드러난 천장이 눈에 띈다. 덕분에 공간의 깊이가 더 깊어지는 느낌이다.

천장을 감상해보길 제안하는 작은 쪽지.
매장의 모든 안내 문구는
타자기로 작성되었다.

매장 가운데 움푹 들어간 공간에서는 때마다 작가들의 개인전이 열린다. 작가들의 이야기를 잘 전하고자 하는 사사로운의 철학이 느껴진다.

[꽃마리] 노트와 엽서
꽃마리라는 식물을 알고 애정을 키워오다 노트를 만들고, 독립 출판물까지 출간한 정수영 작가의 이야기에 반해 들인 제품. 수채화의 자연스러운 색감이 아름답다.
(@kkotmari_books)

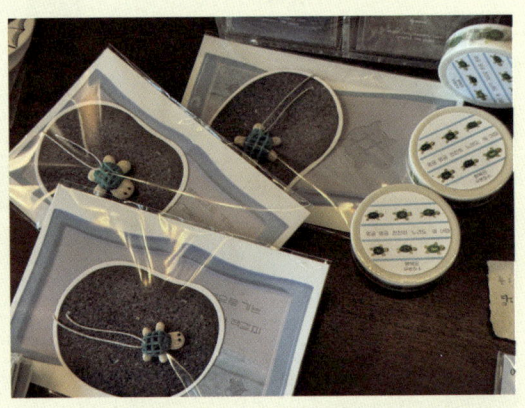

[워비빌라] 이거북이 책갈피와 마스킹테이프
조금 느려도 괜찮다는 메시지를 전하는 이거북이 친구들. 핸드메이드 제품으로 거북이들마다 조금씩 모양이 다른 것이 매력이다. (@worby_villa)

[수수진] 엽서 시리즈
삐뚤빼뚤한 그림 안에 깊은 사유가 담긴 수수진 작가의 엽서. 대구에서만 구할 수 있는 한정 엽서도 있다. (@_soosoojin)

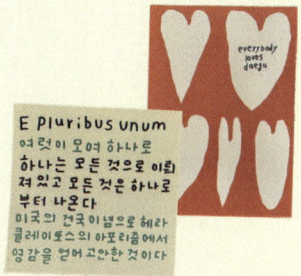

[롤드페인트] 마스킹테이프
마스킹테이프 아트를 소개하는 롤드페인트의 마스킹테이프. 대구에서 시작해 서울로 이사한 롤드페인트를 계속 대구에서 만나볼 수 있도록 했다. 문구인의 마음을 설레게 하는 빈티지한 마스킹테이프 전용 수납장도 있으니 살펴보자.

아윤이 사랑합시다 엽서
어느 날, 카운터로 쭈뼛쭈뼛 걸어와 건넨 아이의 그림에 반해 허락을 구하고 제작한 엽서. 판매 금액의 절반은 아동을 위한 곳에 기부하는 따뜻한 엽서다.

개인 사私 자가 두 번 들어가는 원래 '사사私私로운'과 달리, 문구소품샵 사사로운은 개인 사와 생각할 사思를 합쳐 '사사私思로운'이라는 새로운 의미를 만들었다. 사적이면서도 사려 깊은 공간이기를 바란다는 사사로운. 문구류뿐 아니라 책, 디퓨저 등 시간에 깊이를 더하는 여러 물건을 소개하고 있으니 나를 위한 시간 혹은 나와 누군가를 위한 선물이 필요하다면 사사로운을 찾아가도 좋을 것이다.

사사로운
주소 대구 중구 남성로 2 2층
영업 시간 화~토 12:00~21:00, 일 13:00~20:00 (매주 월요일 휴무)
인스타그램 @sasaroun_official

종이 상점 W.I.Y.P?

김해에 위치한 종이 상점 W.I.Y.P?는 종이와 함께 기록하고 창작하는 아날로그적인 경험을 제안하는 문구점이다. W.I.Y.P?는 'What is your page(paper)?'의 약자로, '당신의 페이지(페이퍼)는 무엇입니까?'라는 이중적인 의미를 담고 있다. 다양한 문구류를 소개하기보다 오직 종이에 집중할 수 있도록 꾸린 공간. 여백의 미가 가득한 곳에서 종이와 함께하는 다양한 활동을 경험해보자.

1층 페이퍼샵의 앞쪽에서는 다양한 종이 소품을 만나볼 수 있다. 안쪽으로 들어가면 표지와 내지를 선택해 나만의 '오운 노트own note'를 만들어보는 공간이 등장한다. 다양한 종이와 따스한 햇살이 잘 어울리는 편안한 공간이다.

오운 노트 제작 공간.
가구는 일부를 제외하고 모두 직접 제작한 것이다.

1인석, 2인석, 단체석이 마련된 2층 페이퍼라운지는 1층에서 구입한 종이와 함께 기록에 집중하는 시간을 가질 수 있도록 한 공간이다. 그밖에 안 쓰는 종이에게 새 주인을 찾아주는 세컨핸드 섹션 '2nd page'도 있으니 둘러보자.

오운 노트

20종의 표지와 30종의 내지, 4종류의 바인더를 각자 취향에 맞게 선택하여 만드는 나만의 노트. 다양한 종이의 질감을 느껴보고 고를 수 있는 것이 흥미롭다.

종이 입체 카드

작가 테라나 나오키 Terada Naoki의 종이 입체 카드. 위트 있는 디자인에 간단한 메시지를 담아 건네기 좋다.

종이 선반

일본의 도미노 아키텍츠 DOMINO ARCHITECTS에서 설계하고, 오랜 종이 전문 회사 후쿠나가지공 福永紙工에서 제작한 종이 선반. 500g 정도의 하중을 버틸 수 있는 튼튼한 선반이다.

실제본 노트

특수지를 실제본하여 만든 노트. 코튼 종이인 '클래식코튼', 한지 느낌의 재생지 '첫눈', 얇고 매끈한 '유리알' 3가지가 있어 취향에 맞게 고를 수 있다.

세상의 모든 종이 물건이 모인 듯한 종이상점 W.I.Y.P?. 일상의 다양한 부분을 채우고, 종이가 가진 아날로그 감성과 가능성을 잘 살려주는 물건을 보고 있으면 종이의 매력에 빠져들게 된다. 단순히 물건을 소개하기만 하는 것이 아니라 실제본 노트 만들기 모임, 글쓰기 모임, 휴대전화 없이 한 시간 동안 종이에 집중할 수 있는 프로그램 등 다양한 종이 활동도 제안한다. 종이로 가득한, 종이와 함께하는 삶을 경험하고 싶다면 이곳에서 종이의 세계를 탐험해보자.

종이상점 W.I.Y.P?
주소 경남 김해시 봉황대안길 17-3
영업 시간 월, 목, 금 13:00~21:00 주말 11:00~20:00 (매주 화, 수 휴무)
인스타그램 @w.i.y.p

클래식문구사

　제주 관덕정 맞은편에 위치한 클래식문구사는 잘 만들어진 문구, 흔하지만 오래도록 곁에 둘 수 있는 문구, 시간이 지나도 멋스러운 클래식한 문구들을 소개하는 공간이다. 이름에 어울리는 앤티크한 감성의 내부가 매력적인 곳. 오래도록 이 자리에서 클래식 문구를 소개하는 공간으로 남고 싶다는 클래식문구사에 방문한다면, 인생을 함께할 나만의 문구를 찾을 수 있을지도 모른다.

    이탈리아 피렌체를 여행할 때 방문했던 오래된 문구점에서 느낀 요소를 반영했다는 클래식문구사. 오래된 건물, 좁은 통로, 나무 가구를 활용한 진열 등에서 영감을 받아 만들어진 공간이다. 1950년도에 지어진 오래된 건물과 앤티크한 감성의 내부 인테리어가 잘 어우러진다.

    트래블러스 컴퍼니의 공식 파트너샵으로서 스탬프를 찍을 수 있는 공간도 마련되어 있다. 제주를 여행하는 트래블러스노트 이용자라면 클래식문구사에 들러 클래식문구사 한정 스탬프를 남겨보자.

황동 제품

클래식문구사에는 작은 트레이부터 가위, 자, 클립, 볼펜 등 다양한 황동 소재의 문구류가 가득하다. 무겁기도 하고, 산화되면 빛깔을 잃기도 하지만 그래서 더 매력적인 황동 문구들.

[트롤스페이퍼] Love knot letter

종이를 활용한 다양한 제품으로 유명한 국내 브랜드 트롤스페이퍼의 제품. 언제 시작되었는지 모를 오래된 쪽지 모양으로 접을 수 있다. 트롤스페이퍼만의 패턴 디자인이 아름답다.

(@trollspaper)

[트롤스페이퍼]
조각 스티커

실크스크린 방식으로 인쇄된 종이 스티커 모음. 종이에 코팅이 되어있지 않아 특유의 자연스러운 느낌을 준다.

[블랙윙] 602 연필

문구에 관심이 없는 사람도 한 번쯤 들어봤을 블랙윙 연필. 미국 브랜드의 제품으로, 단종되었던 연필을 다시 복각한 제품이다. 단단하고 부드러운 필기감이 특징. 클래식문구사에서는 한국으로 수입되는 모든 블랙윙 제품을 만나볼 수 있으며, 각인도 가능하다.

[뤼코뮤지엄] 현무암 스탬프

자투리 현무암을 업사이클링하여 만든 스탬프로, 현무암에 고무 스탬프를 붙여 제작했다. 제주에서 가장 오래된 건물인 관덕정, 하르방, 제주의 전통 배 터우 등의 펜 일러스트를 스탬프로 손쉽게 즐길 수 있다. (@wrkomuseum)

'Oldies but goodies, Embrace the timeless.' 오래되었지만 좋은 물건들은 시간을 초월한 매력을 품고 있다는 클래식문구사의 슬로건이다. 조금 단순하고 투박해 보일지 몰라도 오래도록 튼튼하게 우리 곁에서 제 역할을 하는 문구들을 소개하는 클래식문구사. 제주에 간다면 이곳에 방문해 오랫동안 빛날 클래식 문구를 찾아보는 것도 좋을 것이다.

클래식문구사
주소 제주 제주시 관덕로4길 1-2
영업 시간 월~일 10:30~ 19:00
(임시 휴무는 인스타그램 확인 필요)
인스타그램 @classic.moongusa

페이퍼보이 스튜디오

대구의 문구 편집샵 페이퍼보이 스튜디오는 한눈에 느껴지는 빈티지한 감성이 매력적인 공간이다. '신문배달부'라는 의미를 가진 '페이퍼보이'를 이름으로 삼은 데에는 신문배달부의 꾸준하고 성실한 정신으로 다양한 종이 제품을 소개하자는 마음이 담겨 있다. 뉴욕의 골목 어딘가에 있을 것만 같은 유니크한 감각이 돋보이는 곳. 어딘가 어수선한 듯 편안한 분위기의 페이퍼보이 스튜디오에서 편안한 마음으로 끄적거림을 시작해보는 것도 좋을 것이다.

페이퍼보이 스튜디오 역시 트래블러스 컴퍼니의 파트너샵으로, 매장에 들어가자마자 보이는 스탬프 공간에서 페이퍼보이 스튜디오 한정 스탬프를 찍을 수 있다. 세월이 흐를수록 멋스러워지는 트래블러스노트의 철학과 페이퍼보이 스튜디오의 감성이 무척 잘 어울린다.

곳곳에 붙어 있는 어린 신문배달부의 사진들. 페이퍼보이 스튜디오 특유의 정체성을 잘 살려주는 연출이다.

공간의 좌우를 나누어 우측은 목재 가구를 사용해 빈티지하고 편안한 분위기를 조성하고, 좌측은 화이트 인테리어를 통해 심플하고 미니멀한 제품이 돋보이도록 했다.

매장 곳곳에 위트 있는 안내 문구들이 보이는데, 방문객들이 편안하고 즐겁게 문구를 만났으면 하는 마음이 담겨있다. 선뜻 다가와 농담과 함께 제품에 대해 설명해주시는 말 많은 사장님 덕분에 유쾌한 기분을 가득 채워 돌아가게 된다.

트래블러스노트

페이퍼보이 스튜디오의
중심이 되는 트래블러스노트.
전 세계적으로 유명한
만큼 국내에서도 다양한
문구점에서 소개하고 있다.

MD 노트

일본 문구 브랜드 미도리에서
종이에 집중해 만든 심플한
디자인의 노트. 만년필은 물론
일반 펜으로 사용해도 부드러운
필기감에 국내에서도 많은 사랑을
받는 노트이다.

스탠드 노트

미도리에서 나온 세워서 보관할
수 있는 디자인의 노트. 별 건
아니지만, 여러 노트를 참고하며
그림을 그리거나
작업을 해야 할 때 무척
유용하다!

아무 종이나 집어 들고 휘갈긴 가벼운 메모, 귀퉁이에 그린 낙서 등은 모든 일의 시작점이 된다. 페이퍼보이 스튜디오는 이곳이 다양한 기록의 시작이 될 수 있도록, 매장을 체험 공간으로 만들어 직접 사용해 볼 수 있게 했다. 트래블러스노트, MD 노트 등 기본이 되는 문구류부터 대만의 브랜드 TTLB$^{Tools\ to\ Liveby}$, 일본의 문구 브랜드 델포닉스^{DEFONICS} 등 국내에서 쉽게 보기 힘든 유니크한 브랜드의 제품도 소개하고 있는 곳이니, 심플하고 실용적이면서 매력까지 갖춘 문구류를 찾는다면 꼭 방문해보자.

페이퍼보이 스튜디오
주소 대구 중구 봉산문화2길 42-13 1층
영업 시간 수~토 13:00~20:00, 일 13:00~18:00 (매주 월, 화 휴무)
인스타그램 @paperboy_studio

흑심

흑심은 연필을 좋아하는 두 사람이 각자의 취향을 기준으로 수집한 연필과 연필 관련 문구류를 소개하는 공간이다. 샤프, 볼펜에 밀려 미술 전공자가 아니라면 자주 사용하지 않게 된 연필. 그러나 전성기 시절 만들어진 오래된 연필에는 그에 담긴 이야기가 있다. 연필과 함께 수집한 이야기를 많은 사람과 공유하고 연필의 매력을 알리는 흑심에 방문한다면, 어린 시절 사용하던 연필의 감촉을 다시 느끼며 새로운 감각을 체험할 수 있을 것이다.

 들어서자마자 왼쪽에 보이는 연필장 '흑심장'은 오로지 연필만을 위해 주문 제작한 가구다. 이밖에 대부분의 목재 가구도 모두 연필에 맞추어 제작했다.

 빈티지 연필을 중심으로 하는 만큼 선반에는 오래된 연필 박스가 잔뜩 쌓여있다. 한국, 일본, 미국, 독일, 스위스 등 다양한 국가의 연필과 이야기를 보다 보면 마치 옛 이야기를 듣는 느낌도 든다.

흑심에 방문하면 매장 건물을 들어서는 순간부터 나가는 순간까지 곳곳에 숨겨진 연필을 만나볼 수 있다. 올라오는 계단과 난간에 붙은 연필 스티커, 입구에 놓인 대형 연필과 문에 붙은 연필…. 여기에 눈에 보이지는 않지만 문을 열면 느껴지는 나무 향부터 공간과 어울리는 음악까지, 모든 것이 오래된 연필에 어울리는 공간이다.

매장에서는 7cm 이하의 몽당연필을 가져오면 새 연필로 교환해주는 이벤트도 진행하고 있으니, 오랜만에 구석에 잠들어 있던 몽당연필을 찾아 흑심에 방문해도 좋을 것이다.

Dixon Stenographer 490

과거에는 연필도 다양한 용도로 만들어졌다. 이 연필은 속기용으로 제작된 연필로 작게 써도 글씨가 뭉개지지 않도록 심이 단단하고, 빨리 쓸 수 있도록 부드러운 필기감을 가지고 있다.

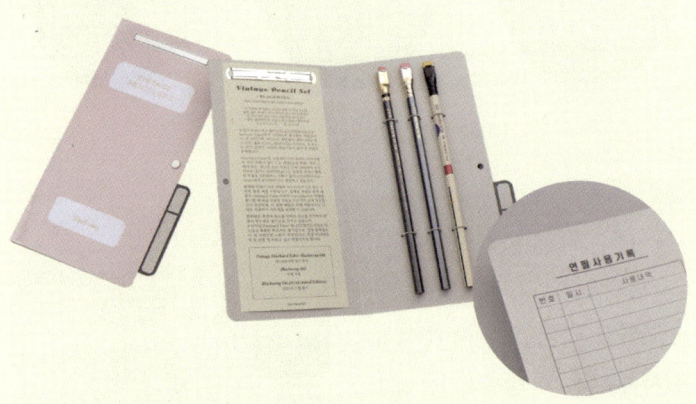

연필 모음집

그동안 모은 자료들을 토대로 연필을 큐레이션하여 엮은 제품. 경도별 연필, 같은 브랜드의 시대별 연필 등 다양한 주제로 큐레이션된 연필 3자루를 비교해볼 수 있다.

연필 콜렉터 철제 틴케이스

잘 보관한 연필은 100년이 지나도 사용할 수 있다. 철제 틴케이스에 실리카겔을 포함하여 연필을 안전하게 보관할 수 있는 제품.

베지터블 가죽 필통

20cm 길이의 연필도 여유 있게 들어가는 사이즈의 필통. 이태리 베지터블 가죽으로 만들어져 부드럽고 편하다.

데스크 박스

글을 쓰며 나에게 더 집중할 수 있도록 만들어진 데스크 박스는 약간의 경사가 있어 책을 읽거나 글을 쓰기에 좋다. 뚜껑처럼 여닫을 수 있어 내부에 노트나 필기구를 수납할 수 있는 작은 가구. 흑심장을 제작한 목공방 루디먼츠와 함께 만들었다. (@therdmt)

흑심은 연필 속 심지를 의미하기도 하지만, 마음에 품는 흑심을 의미하기도 한다. 그래서 흑심은 연필에 흑심을 품었다는 뜻으로 영문명을 'BLACKHEART'로 표기하고 있다. 다 같은 연필일 수도 있지만 자세히 보면 크기도, 필기감도, 감촉도 모두 다른 연필의 세계를 안내하는 흑심. 이곳에서 즐거운 연필 생활을 시작하길 바란다.

흑심
주소 서울 마포구 연희로 47 3층 301호
영업 시간 화~금 13:00~20:00, 주말 13:00~19:00
(매주 월요일, 매월 마지막 주 화요일 휴무)
인스타그램 @blackheart_pencil

ODOM

디자인 스튜디오 그린디자인웍스 공장에서 마련한 ODOM은 'Organized Desk, Organized Mind'의 약자로 '정돈된 책상과 정돈된 마음'이라는 의미를 가진 문구점이다. 환경을 생각하는 문구 브랜드 그린디자인웍스 공장의 제품과 공장의 시선으로 큐레이션한 각국의 문구들을 소개하는 곳. 문구를 사랑하는 사람이라면 오래 머무를 수밖에 없는 공간이다.

ODOM의 공간은 이름처럼 깔끔하고 단정하게 정돈되어 있다. 합정점의 창가에 있는 크고 낮은 테이블은 마치 문구를 아름다운 하나의 소품으로 바라보게 한다.

내부의 가구는 모두 직접 제작한 것. 목재, 아크릴, 철제 등 다양한 재질의 가구가 종이와 대비되어 깔끔한 공간에 재미있고 신선한 느낌을 더한다.

ODOM 연희점은 합정점에 비해 아담한 매장으로, 어린아이나 지나가던 어르신이 방문하는 등 방문객의 연령이 다양한 것이 특징이다. 그래서 왠지 더 따뜻한 느낌이 드는 공간이다.

오픈북 다이어리

3공 다이어리 형태로 다양한 내지, 아카이빙 파일, 표지, 피스 등을 취향껏 구성할 수 있는 커스텀 노트. 앞부분에 포켓이 있는 아카이빙 파일 형태의 표지는 스크랩 재료들을 보관하기 유용하다.

세이브미 노트

멸종 위기 동물을 표지에 담아 나를 구해달라고 말하는 동물들의 외침을 대변하는 노트. 세이브미 노트를 판매한 수익의 일부는 동물과 환경 보호를 위해 기부된다.

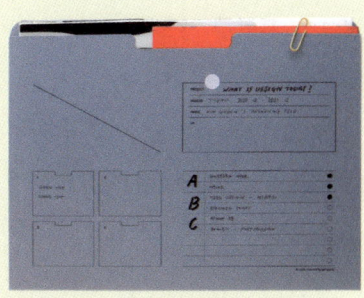

아카이빙 파일

진행 중인 프로젝트나 구상 중인 아이디어 관련 자료를 한 곳에 모아둘 수 있는 아카이빙 파일. 310g의 두꺼운 종이를 사용하여 쉽게 망가지지 않는다.

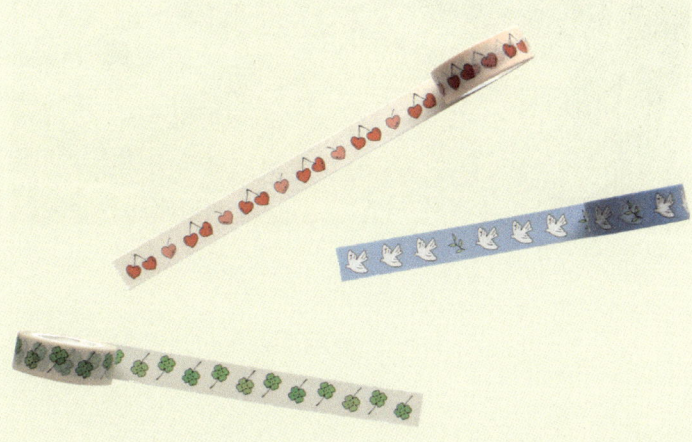

마인드 마스킹 테이프

일상을 이루는 생각과 소원에서 영감을 받아 디자인한 마스킹테이프. 평화로운 디자인이 마음을 포근하게 만든다.

너저분한 책상을 정리하면 마음도 함께 정리되는 것처럼, 잘 정돈된 나만의 기록은 과거의 나를 만날 수 있는 창구가 되고, 때론 미래로 도약하는 발판이 된다. 책상의 정돈과 삶의 정돈을 돕는 도구, 마음을 전하는 도구가 가득한 ODOM에서 지금 나에게 필요한 문구를 골라보자.

ODOM

합정점
주소 서울 마포구 토정로3길 13 1층
영업 시간 평일 12:00~18:30
　　　　　주말 12:00~19:00

연희점
주소 서울 서대문구 연희로11길 41 1층
영업 시간 평일 12:00~18:30,
　　　　　주말 12:00~19:00

인스타그램 @odom_mind

주소록

책에 수록된 문구소품샵을 지역별로 정리했습니다. 정보는 각 매장의 상황에 따라 변경될 수 있으니, 사전에 인터넷을 통해 확인 후 방문하시기를 권장합니다.

서울
더타임 남산
서울 중구 소공로 46 남산쌍용플래티넘아파트상가 1층 103호 │ @the_t.i.me_ns

덴스
(덴스 버라이어티 스토어) 서울 종로구 율곡로 185 1층 │ @thence_studio
(덴스 아카이브) 서울 마포구 연남동 257-5 1층

롤드페인트
서울 마포구 양화로6길 57-6 2층 │ @rolled_paint

리틀템포 디자인 샵
서울 종로구 자하문로 7길 21 2층 │ @little_tempo_shop

리훈맨션
서울 마포구 동교로41길 30 지하 1층 │ @rihoon_mansion

머쉬룸페이퍼팜
서울 마포구 와우산로21길 6 3-4층 │ @mushroom_paper_farm

베스트펜
서울 서초구 효령로 314 연운빌딩 2층 | @bestpenkorea

비스켓 스튜디오
서울 서대문구 증가로 16 201호 | @beesket_studio

성북동 엽서가게
서울시 성북구 동소문로 3길 3 1층 | @seongbuk_postcard

스탬프마마
서울 마포구 월드컵북로 2길 82 대명빌딩 2층 | @stampmama_official

제로스페이스
(망원점) 서울 마포구 희우정로16길 32 1층 | @zeroperzero
(북촌점) 서울 종로구 북촌로5길 5-5 1층 101호 | @zerospace.bukchon

키오스크키오스크
서울 성동구 왕십리로 80-1 2층 201호 | @kioskkioskshop

파페테리큐
서울 마포구 연남로 61-1 2층 | @papeterie_q

페이퍼레리아
서울 마포구 월드컵북로1길 64 2층 | @papereria.official

포인트오브뷰
(성수점) 서울 성동구 연무장길 18 1-3층 | @pointofview.seoul
(더현대서울점) 서울 영등포구 여의대로 108 더현대서울 B2층

풀풀
서울 성북구 종암로19길 64 1층 103호 | @pulpul.official

플러스82프로젝트
서울 서초구 양재천로 103-7 1층 | @plus82project

플로팅
서울 마포구 성미산로29길 40-16 1층 102호 | @ploting_life

흑심
서울 마포구 연희로 47 3층 301호 | @blackheart_pencil

ODOM
(합정점) 서울 마포구 토정로3길 13 1층 | @odom_mind
(연희점) 서울 서대문구 연희로11길 41 1층

강원도
브레드브레드바나나
강원도 강릉시 임영로 142-1 1층 | @breadbreadbanana

포스트카드오피스
(강릉점) 강원 강릉시 화부산로40번길 29 상가동 105호 |
@postcard.office_gn

경기도
미도리작업실
경기 동두천시 삼육사로 1002번길 97 상가동 2층 201호 | @mdrlife.kr

페이퍼룰러
경기 고양시 일산동구 일산로 463번길 38 1층 | @paperuler_

충청도
더 프렐류드 샵
대전 중구 중앙로 129번길 30 1층 | @preludestudio

줄리엣의 편지
대전 유성구 대덕대로 649 | @julietsletter

경상도
띵스오브노트
(전포점) 부산 부산진구 서전로 58번길 6 1층 | @things_of_note
(광안점) 부산 수영구 광남로 175-7 1층

띵크썸띵
대구 남구 현충로6길 59 | @thinksomething.kr

배리삼릉공원
경상북도 경주시 포석로 1095 | @baeri3park

사사로운
대구 중구 남성로 2 2층 | @sasaroun_official

제로스페이스
(경주점) 경북 경주시 손효자길 17-2 | @zeroperzero

종이상점 W.I.Y.P?
경남 김해시 봉황대안길 17-3 | @w.i.y.p

지헤이
(본점) 대구 수성구 교학로2길 51 1층 | @geehey_by_jihye
(지헤이 블랭크) 대구 중구 경상감영길 175 3층 | @geehey_blank

페이퍼보이 스튜디오
대구 중구 봉산문화2길 42-13 1층 │ @paperboy_studio

포스트카드오피스
(본점) 경북 경주시 태종로727번길 25 1층 │ @postcard.office

제주도
여름문구사
제주도 제주시 구좌읍 구좌로 77 │ @summer_mungusa

클래식문구사
제주 제주시 관덕로4길 1-2 │ @classic.moongusa

취향과 영감을 더하는 전국 문구점 도감

문구인이 사랑하는 전국 문구소품샵 35곳

초판 발행 | 2025년 9월 15일
펴낸곳 | 모두의 도감
발행인 | 현호영
지은이 | 모두의 도감 편집부
책임편집 | 김아현
디자인 | 강지연
사진 작업 | 김서영
주소 | 서울특별시 마포구 월드컵북로58길 10, 더팬빌딩 9층
팩스 | 070.8224.4322

ISBN | 979-11-94793-17-5

이 책의 저작권은 골드스미스가 소유합니다.
사전 서면 허가 없는 무단전재 및 복제를 금합니다.

* 출판사의 허가 없이 본 도서를 편집 또는 재구성할 수 없습니다.
* 잘못 만든 책은 구입하신 서점에서 바꿔 드립니다.

> 좋은 아이디어와 제안이 있으시면 출판을 통해 가치를 나누시길 바랍니다.
> uxreviewkorea@gmail.com